Eine kulinarische Reise durch Indien

Die indische Küche gehört zu den besten der Welt – und das zu Recht, denn sie kombiniert aromatische Kräuter und Gewürze mit exotischen Früchten und zartem Fleisch oder Geflügel auf sehr harmonische Weise. Ob Sie Gerichte mit oder ohne Fleisch bevorzugen, ob scharf oder mild, genießen Sie die kulinarischen Spezialitäten dieses faszinierenden Landes.
Viel Spaß auf dieser einzigartigen Reise und guten Appetit!

Die Farbfotos gestalteten
Odette Teubner und
Dorothee Gödert.

INHALT

INHALT

Die Regionen

Stellen Sie sich ein Land vor, das von hundert verschiedenen Nationalitäten mit unterschiedlichen Sprachen bevölkert wird. Geben Sie jeder dieser Nationalitäten ihr eigenes Maß an kulturellen und regionalen Einflüssen und lassen Sie Jahrhunderte vergehen. Sie werden eine Fülle an Eßgewohnheiten vorfinden, jede ein wenig anders, jede noch ein bißchen exotischer. Kaum ein anderes Land kann ein so vielseitiges Spektrum an Speisen präsentieren, und kaum ein anderes Land verspricht Ihnen ein so faszinierendes kulinarisches Abenteuer wie Indien.

Der Norden
Hier werden viel Weizen und Hirse angebaut, deshalb ißt man viel Brot. In der Küche herrschen Lamm und Geflügel, Ghee und Gewürze vor. Der Moguleinfluß ist spürbar, die Gerichte sind sahnig, relativ mild gewürzt und mit Nüssen und Safran verfeinert.

Der Westen
Das traditionelle westindische Essen ist leicht. Man findet vor allem eine große Auswahl an Fischen und Schaltieren, die Keraläküste ist bekannt für ihre verschiedenen Fisch-Currys und Steingarnelengerichte. Eine Spezialität ist Lamm oder Hähnchen mit gewürzten Linsen.

Der Osten
Auch in der Küche des Ostens, der Bengali-Küche, spielt Fisch eine große Rolle, denn das Angebot, zum Beispiel aus dem Gangesdelta oder aus der Bucht von Bengalen ist groß. Berühmt ist ein Fisch-Curry mit Joghurt, Kurkuma und Ingwer.

Der Süden
Fisch, Reis, Kokosnuß, Gemüse- und Getreidegerichte sowie zahllose aromatische Kräuter und Gewürze sind nur einige der Zutaten, die es in der südindischen Küche im Überfluß gibt. Zu den Spezialitäten zählen Kokosnuß-Chutney (Rezept Seite 54) oder Masala Dosa (Rezept Seite 18).

Chilischoten spielen in der indischen Küche eine bedeutende Rolle. Nach der Ernte werden sie zum Trocknen ausgebreitet und immer wieder umgeschichtet.

Essen in Indien

Im allgemeinen gibt es in Indien zu jeder Mahlzeit nicht nur ein einziges Gericht, sondern eine Auswahl verschiedener Speisen, die zusammen auf einem Thali serviert werden. Thalis sind runde Tabletts aus Silber, Messing oder Edelstahl. Darauf stehen Schüsselchen, die die verschiedenen Gerichte enthalten. In Indien ißt man traditionell mit den Fingern der rechten Hand. Eine indische Mahlzeit kann verschieden zusammengestellt werden, zum Beispiel vegetarisch oder nicht-vegetarisch. Hier finden Sie jeweils ein Beispiel.

Nicht-vegetarisches Thali:

- Rote Linsen mit frischem Koriander (Masoor Dal, Rezept Seite 12)
- Kartoffel-Blumenkohl-Curry (Alu Gobi, Rezept Seite 22)
- Huhn in Mandelsauce (Murg Man Pasand, Rezept Seite 36)
- Tomaten-Chutney (Tamatar-Chatni, Rezept Seite 54)
- Mangodessert (Malai Am, Rezept Seite 56)

Außerdem: Reis

Vegetarisches Thali:

- Ausgebackenes Gemüse (Pakoras, Rezept Seite 16) mit Minzsauce (Dahi Poodina, Rezept Seite 50)
- Fritiertes Vollkornbrot (Puri, Rezept Seite 44)
- Halbierte Kichererbsen mit Kokosnuß (Chana Dal, Rezept Seite 12)
- Gebratener Spinat mit Zwiebeln (Mughlai Sag, Rezept Seite 22)
- Auberginen in Senfsauce (Baigan Kari, Rezept Seite 26)
- Mango-Chutney (Am-Chatni, Rezept Seite 52)
- Süßes Joghurtgetränk (Mithi Lassi, Rezept Seite 60)

Außerdem: Reis

Als Abschluß eines indischen Essens ist es üblich, Pan zu kauen. Es ist eine Mischung aus verschiedenen Gewürzen und Betelnuß, in einem Blatt zusammengefaltet.

Thalis dienen nicht nur als Tablett zum Servieren, man ißt die verschiedenen Gerichte auch auf ihnen.

Die indische Küche und die Gesundheit

Auf der ganzen Welt wird gegessen, um den Magen zu füllen, um den Körper zu stärken und gesund zu erhalten. Wie alle anderen essen die Menschen in Indien, um zu überleben, gleichzeitig aber auch, um dem Körper eine körperliche und geistige Ausgewogenheit zu verleihen. Am besten erreicht man diese Harmonie durch eine sorgfältige Auswahl der Gewürze bei der Zubereitung der Mahlzeiten und durch mehrmaliges Fasten. In der Ayurvedic-Medizin Indiens werden allen Gewürzen und Kräutern bestimmte Heilkräfte zugeordnet. So weiß man zum Beispiel, daß Pfeffer gegen Verdauungsstörungen, Kurkuma als Paste innerlich und äußerlich bei Hautkrankheiten, Ingwer bei Erkältung und Leberschäden hilft und Gewürznelken das Herz stärken.

Hier sind typisch indische Küchengeräte zu sehen: links hinten eine Chapati-Pfanne, darunter Sil und Batta, darunter Karhai, daneben die Kokosnußreibe und darüber ein Sieb mit verschiedenen Einsätzen.

Indische Küchengeräte

Für die Zubereitung indischer Gerichte benötigen Sie größtenteils so gebräuchliche Utensilien wie Töpfe, Pfannen, Küchenbretter und vieles mehr. Ein elektrischer Mixer ersetzt den Mahlstein, der in der indischen Küche zum feinen Zerkleinern von Gewürzen verwendet wird. Kleinere Mengen Gewürze oder Nüsse können Sie in einer elektrischen Kaffeemühle und natürlich auch per Hand im Mörser zerkleinern. In vielen asiatischen Läden gibt es indische Küchengeräte, die wir Ihnen vorstellen möchten.

Chalni oder Charni ist ein rundes, relativ flaches und feines Sieb aus Holz oder Metall, das in Indien zum Sieben von Mehl verwendet wird.

Hamal-Dista ist ein Mörser zum Mahlen oder Stampfen von trockenen Gewürzen. Indische Mörser sind aus schwerem Stein oder Gußeisen.

Karhai ist eine Art indischer Wok. Es gibt diese gußeiserne, runde und tiefe Pfanne mit gewölbtem Boden in verschiedenen Größen. Sie ist besonders praktisch zum Fritieren, da man durch die runde Form nicht so viel Fett braucht wie in einem herkömmlichen Topf.

Narial Kas ist eine Kokosnußreibe mit einem Kopf aus gebogenen, runden, scharfen und gezahnten Messern.

Sil und Batta sind zum Mahlen von Gewürzen. Sil ist eine Steinplatte von etwa 10 cm Dicke und Batta eine Steinrolle zum Mahlen der Gewürze. Vor dem Zerkleinern werden die Gewürze in einer Schüssel in Wasser eingeweicht, dann mehrere Male gemahlen, damit sie sehr fein werden.

Tawa ist ebenfalls eine gußeiserne Pfanne, die aber nur leicht gewölbt ist. Sie ist ideal für die Zubereitung von Fladenbrot (Chapati).

Die Original-Zutaten

Gewürze

Wie auf der Farbpalette eines Malers sind auf dem Gewürzbord der indischen Küche oft mehr als dreißig Gewürze versammelt. Die Besonderheit bei der Verwendung der Gewürze beruht nicht alleine darauf, einem einzelnen Gewürz durch Mahlen, Rösten oder Anschmoren in heißem Fett verschiedene Geschmacksrichtungen zu geben, sondern auf der Kombination verschiedener Gewürze. Dadurch bekommt die indische Küche die Aromavielfalt, die sie so einzigartig macht.

Anis
(Mithi Sounf)
wird in Indien hauptsächlich nach der Mahlzeit zur besseren Verdauung gereicht.

Asafötida
(Hing)
Dieses Gewürz, wegen seines intensiven Geruchs auch Teufelsdreck genannt, gewinnt man aus der Wurzel der »Ferula asafötida«. Man sagt ihm heilmedizinische Wirkungen, wie zum Beispiel bei Blähungen, Magenkrämpfen und Koliken, nach. Aus diesem Grunde und weil Geruch und Geschmack sehr intensiv sind, wird es nur in kleinen Mengen verwendet.

Bockshornklee
(Methi)
Die hellbraunen Samenkörner werden in verschiedenen Currymischungen verwendet. Man kann die Samenkörner wie auch die Blätter verwenden.

Chili
(Mirch)
Es gibt verschiedene Chilisorten, die sich vor allem in der Schärfe unterscheiden. Wenn Sie nicht so gerne scharf essen, sollten Sie von frischen Schoten einen Teil oder alle Kerne entfernen, denn in ihnen sitzt die meiste Schärfe.

Curry
Das Wort Curry ist eine englische Ableitung des indischen Wortes »Kari«, das Gewürzsauce bedeutet. Doch Curry ist in Indien kein fertiges Pulver, sondern eine Mischung aus verschiedenen Gewürzen wie Kurkuma, Ingwer, Kardamom, Koriander, Kreuzkümmel (Cumin) und vielen anderen.

Curryblätter
(Kari Pata)
wachsen hauptsächlich in Südindien an Bäumen und haben ihren Namen daher, daß sie beim Zerkleinern wie eine Currymischung duften. Frische Blätter werden hier nur selten angeboten. Wenn Sie welche sehen, sollten Sie aber zugreifen, denn sie lassen sich wie Kräuter gut einfrieren. Getrocknete Curryblätter gibt es in vielen Asien-Läden zu kaufen.

Fenchelsamen
(Sounf)
werden in Indien nicht nur für die Zubereitung verschiedener Gerichte verwendet, sondern haben vor allem in der Volksmedizin Bedeutung. Sie helfen unter anderem bei Blähungen und sind Bestandteil von Hustensäften. Außerdem werden die Samen nach dem Essen gekaut, um die Verdauung anzuregen und um den Atem zu erfrischen.

Fünfgewürzmischung
(Panch Foron)
besteht aus Bockshornklee, Fenchelsamen, Kreuzkümmelsamen, schwarzen Senfkörnern und Zwiebelsamen. Die Gewürzmischung wird in heißem Öl angebraten und in Gemüsegerichten und Chutneys verwendet. Achten Sie beim Einkauf vor allem darauf, daß Sie wirklich die indische und nicht die chinesische Gewürzmischung bekommen.

Garam Masala
Dies ist eine Gewürzmischung aus verschiedenen gerösteten und gemahlenen Gewürzen. Es gibt keine Standard-Zusammensetzung, die Zutaten sind von Region zu Region unterschiedlich. Garam Masala wird meist erst am Ende der Garzeit zugegeben. Sie können die Mischung gut selbst zubereiten. Zum Beispiel so: Je 1 Eßlöffel Koriander- und Kreuzkümmelsamen, 1 Teelöffel schwarze Pfefferkörner, je 1/2 Teelöffel Kardamomkapseln und Gewürznelken sowie 1 Stück Zimtstange (etwa 5 cm lang) in einer Pfanne bei mittlerer Hitze ohne Fett unter ständigem Rühren etwa 3 Minuten rösten, bis sie würzig duften. Dann abkühlen lassen und in der elektrischen Kaffeemühle fein mahlen. In einem dunklen Schraubglas aufbewahren.

1
2
3
4
5
6
7
8
9
10
11
12
13
14
15
16
17
18
19
20
21
22
23
24
25
26
27
28

Ingwer
(Adrak)
wird geschält und fein gerieben oder im Mörser zerdrückt. Ingwer soll appetitanregend, entzündungshemmend, als Hustenlöser und vorbeugend gegen Erkältungskrankheiten wirken.

Gewürznelken
(Loung)
sind die getrockneten Blütenknospen des Gewürznelkenbaumes. Geröstete und gemahlene Gewürznelken sind fast immer Bestandteil der Gewürzmischung Garam Masala.

Grüner Kardamom
(Choti Elaichi)
ist nach Safran das teuerste Gewürz der Welt. Er stammt aus Indien und gilt als wirksames Mittel bei vielen Krankheiten. In Indien ist er Würze vieler pikanter Gerichte und wird außerdem zur Erfrischung des Atems nach dem Essen gekaut.

1. Paprikapulver, 2. Anis, 3. Chilipulver, 4. Garam Masala, 5. Ingwer, 6. Kurkuma/Gelbwurz, 7. weißer und schwarzer Pfeffer, 8. Fünfgewürzmischung, 9. Asafötida, 10. Minze, 11. Chilischoten, 12. Muskatblüte/Macis, 13. Muskatnuß, 14. Bockshornklee, 15. Zimtrinde, 16. Curryblätter, 17. Curry, 18. Gewürznelken, 19. Kreuzkümmel/Cumin, 20. schwarzer Kreuzkümmel, 21. Fenchelsamen, 22. Koriander, 23. schwarze Senfkörner, 24. weiße Mohnsamen, 25.Thymiansamen, 26. grüner Kardamom, 27. Zwiebelsamen, 28. Safran.

Koriander
(Dhania)
wächst überall auf der Welt. Es werden nicht nur die Samen, sondern auch die Stengel und die Blätter verwendet. Koriander ist Bestandteil fast jeder Currymischung.

Kreuzkümmel/Cumin
(Jeera)
hat bräunliche Samen und wird in Indien für fast alle Gerichte verwendet. Er wirkt verdauungsfördernd und appetitanregend. Schwarzer Kreuzkümmel (Kala Jeera) ist kleiner als der braune und hat einen leicht bitteren Geschmack.

Kurkuma/Gelbwurz
(Haldi)
hat eine kräftig gelbe Farbe und ist wichtiger Bestandteil des Currypulvers. In Indien wird die Wurzel meist frisch verwendet, bei uns gibt es Kurkuma nur getrocknet und gemahlen zu kaufen. In der indischen Medizin gilt Kurkuma als harntreibend, hilft bei Magenbeschwerden und wird außerdem bei Hautkrankheiten angewandt.

Lorbeerblätter
(Tedschpata)
gibt es frisch und getrocknet zu kaufen. Sie werden für fast alle indischen Gerichte verwendet.

Minze
(Poodina)
verwendet man frisch zum Garnieren, aber auch für Chutneys, Minzsauce und Getränke. Wer keine Möglichkeit hat, frische Minze zu bekommen, kann eingelegte Minze im Asien-Laden kaufen. Sie wird zerkleinert und in Essig und Salz eingelegt. Nach dem Öffnen im Kühlschrank aufbewahren.

Mohnsamen (weiß)
(Khas-Khas)
müssen gemahlen werden und dienen zum Binden und Andicken von Saucen.

Muskatblüte/Macis
(Javantri)
ist der Samenmantel der Muskatfrucht. Wenn die Frucht reif ist, teilt sie sich in eine braune Nuß und eine leuchtendrote Membran. Diese Membran wird abgezogen, in der Sonne getrocknet und nimmt dadurch eine rostrot-orange Farbe an.

Muskatnüsse
(Jaibal)
sind die Kerne des tropischen Muskatnußbaumes. Dieses Gewürz paßt sowohl zu süßen wie auch zu pikanten Gerichten. Damit das Aroma intensiv wird, sollten Sie möglichst ganze Muskatnüsse kaufen und die benötigte Menge frisch reiben.

Paprikapulver
(Degi Mirch)
ist relativ mild, in etwa vergleichbar mit dem edelsüßen Paprikapulver, das in der europäischen Küche verwendet wird. In Indien nimmt man es hauptsächlich wegen der schönen roten Farbe.

Pfeffer, schwarz
(Kali-Mirch)
wirkt appetitanregend und wird wegen seiner ätherischen Öle auch in der indischen Medizin verwendet.

Safran
(Kesar)
stammt von einer Krokusart. Um 1 kg Safran zu gewinnen, braucht man etwa 100 000 Blüten, deren Blütennarben von Hand herausgelöst werden müssen. Deshalb ist Safran auch das teuerste Gewürz. In der indischen Küche wird es wegen seiner gelben Farbe und seinem Aroma für Reisgerichte, Süßspeisen und zum Backen verwendet.

Senfkörner (schwarz)
(Sarson)
sind wesentlich schärfer als gelbe. Es werden sowohl die Körner verwendet als auch ein Öl daraus hergestellt, das zum Einlegen und zum Garen von Gemüse und Fisch verwendet wird. Kaufen Sie Senföl im indischen Spezialitätengeschäft, das Öl aus der Apotheke ist zu scharf.

Thymiansamen
(Ajwain)
haben mit unserem europäischen Thymian nichts gemeinsam, außer dem Thymol, das beide enthalten. Daher strömt Ajwain beim Zerkleinern einen thymianähnlichen Geruch aus. Ajwain wird für Gemüsegerichte und bei der Zubereitung einiger Brotsorten verwendet.

Zimtrinde
(Dalchini)
ist dunkelbraun und wird in Stücken von 5–10 cm Größe angeboten. Geschmacklich ist sie intensiver als Zimtstangen, die eigentlich ebenfalls ein Stück der Innenrinde sind. Kaufen können Sie Zimtrinde in Asien-Läden.

Zwiebelsamen
(Kalonji)
sind kleine, schwarze, tropfenförmige Samen, die in der indischen Küche für Pickles, Gemüse- und Fischcurrys verwendet werden. Man kann sie auch auf verschiedene indische Brote streuen.

Hülsenfrüchte
(Dal)
Halbierte und geschälte Linsen, Bohnen und Kichererbsen werden Dal genannt. In Indien sind diese Hülsenfrüchte wichtige Eiweißlieferanten, die in etwa 50 verschiedenen Sorten angeboten werden.

Dal wird immer zusammmen mit einem Hauptgericht serviert und mit Reis oder Fladenbrot gegessen.

Channa Dal
sind geschälte und halbierte Kichererbsen. Kichererbsen, die in Nordindien angebaut werden, kann man auch im Ganzen zubereiten, dann wird das Gericht aber nicht so sämig.

Masoor Dal
sind geschälte rote Linsen. Sie haben eine relativ kurze Garzeit, ein angenehm mildes Aroma und werden beim Kochen gelblich.

Hülsenfrüchte spielen in der indischen Küche eine wichtige Rolle: 1. Channa Dal, 2. Massor Dal, 3. Moong Dal, 4. Urid Dal, 5. Toor Dal.

Auch die übrigen Zutaten für die indische Küche bekommen Sie in Asienläden: 1. Papad/Papadam, 2. Besan, 3. Chapati-Ata, 4. Mango-Pulp, 5. Ghee.

Moong Dal
sind geschälte und halbierte Mungobohnen. Die Gerichte aus dieser Sorte sind besonders bekömmlich und leicht zuzubereiten.

Toor Dal
sind bräunliche Linsen, die mit einer Ölschicht überzogen werden. Sie werden auch Arahar Linsen oder Arahar Dal genannt.

Urid Dal
sind weiße, also geschälte schwarze, Linsen. Sie werden vor allem in der südindischen Küche verwendet.

Spezielle Zutaten

Besan
ist ein Mehl aus Kichererbsen, aus dem zum Beispiel Ausbackteig zubereitet wird.

Chapati-Ata
ist eine Spezial-Mischung aus Weizenmehl und -schrot für Fladen (Chapati).

Ghee
ist indisches Butterschmalz. Sie können es im Asien-Laden kaufen oder selbst zubereiten: Für 750 g Ghee 1 kg ungesalzene Butter in einem großen Topf bei schwacher Hitze schmelzen lassen. Die Temperatur weiter reduzieren und alles 30–40 Minuten köcheln lassen. Sobald sich die milchigen Teile goldgelb verfärbt haben und das Ghee ganz klar ist, die Masse durch ein sauberes Küchentuch in ein anderes Gefäß gießen und abkühlen lassen. Es kann monatelang aufbewahrt werden.

Mango-Pulp
sind pürierte, leicht gesüßte indische Mangos der Sorte Alphonso mit besonders feinem Aroma. Es gibt die Masse in Dosen von etwa 850 g Inhalt zu kaufen.

Papad/Papadam
sind dünne getrocknete Linsenfladen, mit oder ohne Gewürze. Sie können sie fritieren, braten oder backen.

Halbierte Kichererbsen mit Kokosnuß

Chana Dal

Zutaten für 4 Personen:
200 g Chana Dal
2 frische Chilischoten
2 Eßl. Ghee (geklärte Butter)
1 Teel. Kreuzkümmelsamen (Cumin)
2 Lorbeerblätter
1 Teel. Kurkuma, gemahlen
1 Teel. edelsüßer Paprika, gemahlen
Salz
1/2 Teel. Zucker
80 g Kokosraspeln

Spezialität aus Südindien

Pro Portion etwa:
1500 kJ/360 kcal
11 g Eiweiß · 16 g Fett
43 g Kohlenhydrate

- Zubereitungszeit: etwa 40 Minuten

1. Das Chana Dal mit 1/2 l Wasser in einem Topf mischen und zum Kochen bringen. Dann bei schwacher Hitze zugedeckt in etwa 25 Minuten weich kochen. Die Chilischoten waschen, putzen und ganz lassen.

2. In einem anderen Topf das Ghee bei mittlerer Hitze erwärmen. Die Kreuzkümmelsamen, die Lorbeerblätter, die Chilischoten, den Kurkuma, das Paprikapulver, Salz, den Zucker und die Kokosraspeln dazugeben und alles unter ständigem Rühren etwa 3 Minuten anrösten.

3. Die Gewürzmischung zum Dal geben und gut unterrühren.

Rote Linsen mit frischem Koriander

Masoor Dal

Zutaten für 4 Personen:
175 g Masoor Dal
1/2 Teel. frischer Ingwer
1 Teel. Kurkuma, gemahlen
Salz
2 Eßl. Ghee (geklärte Butter)
1 Teel. Kreuzkümmelsamen (Cumin)
1 Teel. Koriander, gemahlen
1/8 Teel. Asafötida
1/4 Teel. Chili, gemahlen
2 Eßl. frischer Koriander

Gelingt leicht

Pro Portion etwa:
940 kJ/220 kcal
10 g Eiweiß · 11 g Fett
23 g Kohlenhydrate

- Zubereitungszeit: etwa 20 Minuten

1. Das Masoor Dal mit 1/2 l Wasser in einem Topf mischen und zum Kochen bringen. Den Ingwer schälen, fein reiben und zusammen mit dem Kurkuma und Salz zum Dal geben. Die Linsen bei mittlerer Hitze etwa 10 Minuten zugedeckt kochen lassen, bis sie weich sind. Den Topf dann vom Herd nehmen.

2. Das Ghee in einer kleinen Pfanne bei mittlerer Hitze erwärmen. Den Kreuzkümmel, den gemahlenen Koriander, das Asafötida und das Chilipulver dazugeben und etwa 1 Minute unter ständigem Rühren anbraten. Das Ganze zum Dal geben und gut untermischen.

3. Den frischen Koriander waschen, fein hacken und über die Linsen streuen.

Variante:
Den frischen Koriander können Sie auch durch Petersilie ersetzen.

Im Bild oben: Rote Linsen mit frischem Koriander
Im Bild unten: Halbierte Kichererbsen mit Kokosnuß

Soja-Dal

Moong Dal

Zutaten für 4 Personen:
1 Zwiebel
1 Stück frische Ingwerwurzel (etwa 4 cm lang)
2 Knoblauchzehen
2 Eßl. Ghee (geklärte Butter)
1/2 Teel. Kurkuma, gemahlen
1 Teel. Kreuzkümmel (Cumin), gemahlen
250 g Moong Dal
Salz
1/2 Teel. Garam Masala

Gelingt leicht

Pro Portion etwa:
1600 kJ/380 kcal
23 g Eiweiß · 25 g Fett
17 g Kohlenhydrate

- Zubereitungszeit: etwa 40 Minuten

1. Die Zwiebel schälen und kleinschneiden. Den Ingwer und die Knoblauchzehen ebenfalls schälen, dann fein reiben.

2. Das Ghee in einem Topf erhitzen. Die Zwiebel, den Knoblauch und den Ingwer dazugeben und so lange unter Rühren bei mittlerer Hitze anbraten, bis die Zwiebelwürfel goldbraun sind. Den Kurkuma und den Kreuzkümmel hinzufügen und unter ständigem Rühren noch etwa 2 Minuten braten.

3. Das Moong Dal hineingeben und weitere 2 Minuten braten. Dann 800 ml Wasser und Salz hinzufügen.

4. Alles zum Kochen bringen und etwa 25 Minuten zugedeckt bei schwacher Hitze weiterkochen, bis die Linsen weich sind. Zum Schluß den Garam Masala darüber streuen. Warm mit Reis oder Fladenbrot (Chapati) servieren.

Toor-Dal-Suppe

Toor Dal

Toor Dal sind spezielle Linsen, die mit einer Ölschicht überzogen sind, die sich beim Kochen wieder löst.

Zutaten für 4 Personen:
250 g Toor Dal
1/2 Teel. Kurkuma, gemahlen
1/2 Teel. Chili, gemahlen
1 Teel. Paprika, gemahlen
2 Eßl. Ghee (geklärte Butter)
1 Teel. Kreuzkümmelsamen (Cumin)
1 frische Chilischote
3 Lorbeerblätter
1 Teel. Zucker
Salz
1 Teel. Garam Masala

Für Gäste

Pro Portion etwa:
1200 kJ/290 kcal
15 g Eiweiß · 11 g Fett
34 g Kohlenhydrate

- Zubereitungszeit: etwa 45 Minuten

1. In einem Topf 1 l Wasser zum Kochen bringen. Das Toor Dal einrühren und zugedeckt bei mittlerer Hitze etwa 25 Minuten kochen lassen. Dabei gelegentlich gründlich umrühren.

2. Den gemahlenen Kurkuma, das Chili- und das Paprikapulver dazugeben und das Dal weitere 10 Minuten kochen lassen, bis die Linsen weich sind. Dann den Topf beiseite stellen.

3. Das Ghee in einem kleinen Topf erhitzen. Die Kreuzkümmelsamen, die frischen Chilis und die Lorbeerblätter dazugeben und etwa 1 Minute anbraten, bis die Gewürze eine leicht bräunliche Farbe annehmen. Die Gewürzmischung zum Dal geben und gründlich untermischen.

4. Mit dem Zucker und Salz abschmecken. Kurz vor dem Servieren den Garam Masala darüber streuen. Mit Reis oder indischem Brot warm servieren.

Im Bild oben: Soja-Dal
Im Bild unten: Toor-Dal-Suppe

Ausgebackenes Gemüse

Pakora

Zutaten für 6 Personen:
500 g Auberginen
250 g Kichererbsenmehl
1 1/2 Teel. Salz
1 Teel. Kreuzkümmel (Cumin), gemahlen
1/2 Teel. Chili, gemahlen
1 Teel. Koriander, gemahlen
1 Teel. edelsüßer Paprika, gemahlen
1 Teel. Thymiansamen (Ajwain)
1 Teel. Zwiebelsamen
750 g Pflanzenöl zum Fritieren

Für Gäste

Pro Portion etwa:
1200 kJ/290 kcal
9 g Eiweiß · 18 g Fett
23 g Kohlenhydrate

- Zubereitungszeit: etwa 45 Minuten

1. Die Auberginen waschen und in etwa 1/2 cm dicke Scheiben schneiden.

2. Das Kichererbsenmehl in eine Schüssel geben. Das Salz, die gemahlenen und die ganzen Gewürze untermischen. 300 ml lauwarmes Wasser langsam dazugießen und mit einem Schneebesen schlagen, bis ein glatter, dickflüssiger Teig entsteht.

3. Das Ghee oder das Pflanzenöl erhitzen. Es ist heiß genug, wenn ein Teigtropfen sofort zischend zur Oberfläche aufsteigt.

4. Die Gemüsestücke in den Teig tauchen und in das heiße Fett fallen lassen. Die Pakoras einige Minuten fritieren, bis sie goldbraun und knusprig sind. Herausnehmen und abtropfen lassen. Warm mit Minzsauce (Rezept Seite 50) oder Chutneys (Rezepte Seite 52 und 54) servieren.

Variante:
Pakoras können Sie mit verschiedenen Gemüsesorten zubereiten: 500 g Kartoffeln schälen, waschen und in 3 mm dicke Scheiben schneiden. Oder 1/2 Blumenkohl in 5 cm kleine Röschen schneiden. Oder 500 g Zwiebeln schälen und mit einem scharfen Messer gleichmäßig in 1/2 cm kleine Ringe schneiden. Der Teig wird wie beschrieben vorbereitet.

Gemüsepflänzchen

Sabzi Chop

Zutaten für 4 Personen:
300 g mehligkochende Kartoffeln
150 g Möhren
150 g rote Bete
50 g Weißkohl
2 Zwiebeln
3 Eßl. Ghee (geklärte Butter)
1/2 Teel. Chili, gemahlen
1 Teel. Paprika, gemahlen
1 Teel. Kreuzkümmel (Cumin), gemahlen
Salz
1 Ei
150 g Semmelbrösel
500 g Pflanzenöl zum Fritieren

Für Gäste

Pro Portion etwa:
1500 kJ/360 kcal
9 g Eiweiß · 17 g Fett
44 g Kohlenhydrate

- Zubereitungszeit: etwa 45 Minuten

1. Die Kartoffeln, die Möhren und die rote Bete waschen, schälen und kleinschneiden.

2. Das zerkleinerte Gemüse mit etwa 1/8 l Wasser in einen Topf geben und bei mittlerer Hitze zugedeckt kochen lassen, bis es weich ist. In einem Sieb abtropfen lassen, dann durch die Kartoffelpresse drücken.

3. Inzwischen den Weißkohl waschen. Die Zwiebeln schälen. Alles fein hacken. In einem Topf das Ghee erhitzen und die Zwiebeln darin goldbraun anbraten. Den Weißkohl hinzufügen und alles weitere 10 Minuten bei mittlerer Hitze braten.

4. Das gesamte Gemüse in eine Schüssel geben. Die gemahlenen Gewürze gut untermischen. Die Masse mit Salz abschmekken und zu 12 flachen Pflänzchen formen. Abkühlen lassen.

5. Das Ei verquirlen. Die Pflänzchen darin eintauchen und in den Semmelbröseln wenden.

6. Das Öl in einer Pfanne erhitzen. Die Pflänzchen darin von beiden Seiten je 2–4 Minuten bei mittlerer Hitze fritieren.

Bild oben: Gemüsepflänzchen
Bild unten: Ausgebackenes Gemüse

Pfannkuchen mit würziger Füllung

Masala Dosa

In Südindien werden diese Pfannkuchen immer frisch zubereitet. Sie sollen heiß serviert werden. Masala Dosa werden mit Sambar und Kokosnuß-Chutney (Rezept Seite 54) serviert.

Zutaten für 6 Personen:
150 g Reis
150 g Urid Dal
2 frische Chilischoten
1 Teel. Rohrzucker
Salz
8 mittelgroße mehligkochende Kartoffeln
1 Stück frische Ingwerwurzel (etwa 3 cm lang)
3 Eßl. Kokosraspeln
etwa 6 Eßl. Ghee (geklärte Butter) oder Öl
2 Teel. Kreuzkümmelsamen (Cumin)
2 Teel. schwarze Senfkörner
1 Teel. Kurkuma, gemahlen
2 Eßl. frische Korianderblätter, fein geschnitten

Braucht etwas Zeit

Pro Portion etwa:
1800 kJ/430 kcal
9 g Eiweiß · 22 g Fett
47 g Kohlenhydrate

- Quellzeit: 1 1/2 Tage
- Zubereitungszeit: etwa 2 Stunden

1. Den Reis und das Urid Dal in getrennten Schüsseln etwa 8 Stunden in reichlich Wasser einweichen. Dann gründlich abtropfen lassen und nacheinander in einem elektrischen Mixer fein pürieren. Die beiden Teige vermischen. Etwa 300 ml Wasser dazugeben, damit ein feiner Brei entsteht.

2. 1 Chilischote waschen, putzen und kleinschneiden. Mit dem Zucker und 1/2 Teelöffel Salz sowie dem Reis-Dal-Teig in eine Schüssel geben und gut vermischen. Die Schüssel mit einem Tuch bedecken und etwa 24 Stunden an einem warmen Ort ruhen lassen.

3. Am nächsten Tag die Füllung vorbereiten. Die Kartoffeln waschen und in der Schale zugedeckt in wenig Wasser weich kochen lassen. Dann schälen und mit einem Kartoffelstampfer grob zerkleinern. Den Ingwer schälen und kleinschneiden. Die zweite Chilischote waschen, putzen und kleinschneiden. Mit den Kokosraspeln zu einem dickflüssigen Brei verarbeiten. Bei Bedarf etwas Wasser hinzufügen.

4. In einem mittelgroßen Topf das Ghee oder Pflanzenöl erhitzen. Die Kreuzkümmelsamen und die Senfkörner kurz darin anrösten. Wenn die Senfkörner anfangen zu springen, die Mischung aus Chili, Ingwer und Kokosraspeln dazugeben und etwa 1 Minute anbraten. Dann den Kurkuma, die Kartoffeln, die fein geschnittenen Korianderblätter und Salz hinzufügen. Das Ganze unter ständigem Rühren etwa 5 Minuten braten. Zudecken und beiseite stellen.

5. Den Teig noch einmal durchschlagen, er soll dickflüssig sein. Bei Bedarf noch etwas Wasser hinzufügen. Eine große Pfanne bei mittlerer Hitze erwärmen. Zur Probe einige Tropfen Wasser in die Pfanne spritzen. Wenn es zischt, ist die Pfanne heiß genug.

6. 1 Teelöffel Ghee oder Öl in die Pfanne geben. 2 Schöpflöffel Teig mit einem Löffel schnell, gleichmäßig und dünn in der Pfanne verteilen. Der Pfannkuchen soll einen Durchmesser von etwa 20 cm haben. Den Pfannkuchen etwa 2 Minuten backen, bis er goldbraun wird, dann wenden und weitere 2 Minuten backen. Dann jeweils herausnehmen. Auf diese Weise alle Pfannkuchen backen, dabei jeweils wieder etwas Fett in die Pfanne geben. Die fertigen Pfannkuchen auf einem Teller stapeln, dadurch bleiben sie warm und feucht.

7. Wenn alle Pfannkuchen fertig sind, jeweils 1 Portion von der Kartoffelfüllung in die Mitte eines Pfannkuchens setzen und diesen in der Mitte falten. Oder die Füllung in länglicher Form in die Mitte geben und die Pfannkuchen von beiden Seiten nach innen klappen. Dann die gefüllten Dosas noch einmal auf der eingefetteten Pfanne von beiden Seiten etwa 1/2 Minute backen. Warm mit Kokosnuß-Chutney (Rezept Seite 54) servieren.

So sehen die würzigen Pfannkuchen aus, bevor sie zusammengefaltet und noch einmal kurz gebacken werden.

Gefüllte Pasteten

Samosa

Zutaten für 16 Pasteten:
Für die Füllung:
4 mehligkochende Kartoffeln
(etwa 400 g)
1/2 Blumenkohl (etwa 400 g)
1 Stück frische Ingwerwurzel
(etwa 3 cm lang)
3 Eßl. Ghee
1/2 Teel. Kreuzkümmelsamen (Cumin)
1/2 Teel. schwarzer Kreuzkümmel
(Kala Jeera)
1/4 Teel. Chili, gemahlen
1 Teel. Koriander, gemahlen
1 Teel. edelsüßer Paprika, gemahlen
1 Teel. Salz
100 g tiefgefrorene Erbsen
1 Teel. Garam Masala
Für den Teig:
300 g Mehl
4 Eßl. Ghee (geklärte Butter) oder Öl
1 Teel. Salz
etwa 750 g Öl zum Fritieren

Berühmtes Rezept

Pro Portion etwa:
1000 kJ/240 kcal
3 g Eiweiß · 18 g Fett
20 g Kohlenhydrate

- Zubereitungszeit: etwa 1 1/2 Stunden

1. Für die Füllung die Kartoffeln waschen, schälen und in 1 cm kleine Stücke schneiden. Den Blumenkohl waschen und in kleine Röschen schneiden. Den Ingwer schälen und fein reiben.

2. Das Ghee in einem Topf erhitzen. Beide Kreuzkümmelsorten bei mittlerer Hitze etwa 1 Minute darin anbraten. Unter ständigem Rühren alle gemahlenen Gewürze außer dem Garam Masala einstreuen. Den Ingwer, die Kartoffeln, den Blumenkohl und die Erbsen dazugeben. Alles etwa 5 Minuten anbraten, gelegentlich umrühren.

3. Die Hitze reduzieren, den Deckel auflegen und das Gemüse etwa 10 Minuten schmoren, bis es weich ist. Dabei eventuell etwas Wasser hinzufügen. Zum Schluß den Garam Masala und Salz darüber streuen und kurz umrühren. Die Gemüsemischung in eine Schüssel füllen und abkühlen lassen.

4. Für den Teig das Mehl, das Ghee oder Öl, das Salz und 175 ml Wasser in eine Schüssel geben. Den Teig etwa 15 Minuten kneten, bis er fest und geschmeidig ist. Den Teig mit einem feuchten Tuch zudecken und etwa 10 Minuten ruhen lassen.

5. Den Teig dann in 8 Kugeln teilen. Auf einem geölten Holzbrett jede Kugel zu einem runden Fladen von etwa 12 cm Durchmesser ausrollen. Jeweils in der Mitte durchschneiden.

6. Den halbierten Teigfladen zu einer Tüte formen. Die lange Kante mit angefeuchteten Fingern gut verschließen. In jede Teigtüte 2 Teelöffel Füllung geben und die Ränder wieder mit angefeuchteten Fingern verschließen. Die restlichen Samosas auf die gleiche Art zubereiten.

7. Das Öl in einem Topf oder einer Karhai nicht zu stark erhitzen. Mehrere Samosas in das Öl legen und so lange fritieren, bis sie goldgelb sind.

8. Die Teigtaschen auf Küchenpapier abtropfen und abfetten lassen. Warm als Vorspeise servieren.

Tip!

Samosas sind die beliebtesten aller indischen Snacks. Zur Abwechslung können Sie die Füllung auch mit anderen Gemüsesorten oder auch mit Hackfleisch zubereiten. Dazu schmecken Pickles (fertig gekauft), Chutneys (Rezepte Seite 52 und 54) oder Minzsauce (Rezept Seite 50).

Gebratener Spinat mit Zwiebeln

Mughlai Sag

Zutaten für 4 Personen:
2 Zwiebeln
1 Stück frische Ingwerwurzel (etwa 3 cm lang)
2 Knoblauchzehen
3 Eßl. Ghee (geklärte Butter) oder Öl
1/4 Teel. Chili, gemahlen
1 Teel. Kreuzkümmel (Cumin), gemahlen
1/2 Teel. Kurkuma, gemahlen
1 Teel. Koriander, gemahlen
600 g tiefgefrorener Blattspinat
Salz
125 g Sahne

Schnell

Pro Portion etwa:
1110 kJ/270 kcal
5 g Eiweiß · 20 g Fett
4 g Kohlenhydrate

- Zubereitungszeit: etwa 25 Minuten

1. Die Zwiebeln schälen und in dünne Scheiben schneiden. Den Ingwer schälen und reiben. Den Knoblauch schälen und zerdrücken.

2. Das Ghee oder das Öl in einer Karhai oder einer Pfanne erhitzen. Die Zwiebeln, den Ingwer und den Knoblauch darin bei mittlerer Hitze goldbraun anbraten.

3. Die gemahlenen Gewürze hineingeben und etwa 1 Minute braten. Den Spinat und Salz dazugeben und bei mittlerer Hitze zugedeckt etwa 15 Minuten auftauen und garen.

4. Zum Schluß die Sahne vorsichtig unterrühren. Den Spinat mit Chapatis oder Naan (Rezepte Seite 44 und 46) servieren.

Kartoffel-Blumenkohl-Curry

Alu Gobi

Zutaten für 4 Personen:
350 g Blumenkohl
350 g festkochende Kartoffeln
2 mittelgroße Zwiebeln
2 frische Chilischoten
1 Stück frische Ingwerwurzel (etwa 3 cm lang)
2 Tomaten
6 Eßl. Öl
1 Teel. Fünf-Gewürzmischung (Panch Foron)
1 1/2 Teel. Kurkuma, gemahlen
1 1/2 Teel. Kreuzkümmel (Cumin), gemahlen
2 Teel. edelsüßer Paprika, gemahlen
1/4 Teel. Chili, gemahlen
Salz
200 g tiefgefrorene Erbsen
3 Eßl. Vollmilchjoghurt
1 Teel. Garam Masala

Gelingt leicht

Pro Portion etwa:
1500 kJ/360 kcal
8 g Eiweiß · 26 g Fett
24 g Kohlenhydrate

- Zubereitungszeit: etwa 50 Minuten

1. Den Blumenkohl waschen und in Röschen von etwa 5 cm Länge teilen. Die Kartoffeln waschen, schälen und in etwa 3 cm große Stücke schneiden. Die Zwiebeln schälen und fein schneiden. Die Chilischoten waschen, putzen, von den Kernen befreien und kleinschneiden. Den Ingwer schälen und fein reiben. Die Tomaten waschen und vierteln.

2. Das Öl erhitzen. Die Fünf-Gewürzmischung und die Zwiebeln dazugeben und so lange unter Rühren bei mittlerer Hitze anbraten, bis die Zwiebeln goldbraun sind.

3. Die Kartoffeln, den Blumenkohl und die Chilischoten in den Topf geben und unter Rühren etwa 3 Minuten anbraten. Die gemahlenen Gewürze außer dem Garam Masala und den Ingwer hinzufügen und weitere 3–4 Minuten braten.

4. Die Tomaten, die Erbsen und den Joghurt nach und nach dazugeben. Alles gut vermischen. 1/4 l Wasser und Salz hinzufügen und die Gemüsemischung bei mittlerer Hitze etwa 20 Minuten köcheln lassen, bis der Blumenkohl und die Kartoffeln weich sind. Zwischendurch umrühren.

5. Zum Schluß den Garam Masala darüber streuen. Das Kartoffel-Blumenkohl-Curry mit Reis oder indischem Brot servieren.

Im Bild oben: Gebratener Spinat mit Zwiebeln
Im Bild unten: Kartoffel-Blumenkohl-Curry

Eier-Biriyani

Anda Biriyani

Zutaten für 6 Personen:
400 g Basmatireis
3 Zwiebeln
6 Eßl. Ghee (geklärte Butter)
350 g Blumenkohl
250 g festkochende Kartoffeln
2 Tomaten
1 Stück frische Ingwerwurzel (etwa 4 cm lang)
3 Gewürznelken
1 Zimtrinde (etwa 5 cm groß)
3 grüne Kardamomkapseln
2 Lorbeerblätter
1/2 Teel. Kurkuma, gemahlen
1/2 Teel. edelsüßer Paprika, gemahlen
1/2 Teel. Chili, gemahlen
1/2 Teel. Kreuzkümmel (Cumin), gemahlen
200 g tiefgefrorene Erbsen
2 Eßl. Joghurt
Salz
2 Eßl. Mandelstifte
2 Eßl. Rosinen
3 hartgekochte Eier

Aus Nordindien

Pro Portion etwa:
2500 kJ/600 kcal
15 g Eiweiß · 29 g Fett
67 g Kohlenhydrate

- Zubereitungszeit: etwa 2 Stunden

1. Den Reis waschen, dann in einem Sieb etwa 30 Minuten abtropfen lassen. 1 Zwiebel schälen und kleinschneiden. In einem mittelgroßen Topf 3 Eßlöffel Ghee erhitzen und die Zwiebel darin goldbraun braten. Den Reis dazugeben und etwa 3 Minuten anbraten. 1/4 l Wasser angießen. Den Reis etwa 10 Minuten kochen lassen, er soll nur halb gar sein. Beiseite stellen.

2. Das Gemüse waschen. Den Blumenkohl in Röschen von etwa 2 cm Größe schneiden. Die Kartoffeln schälen und in etwa 3 cm große Würfel schneiden. Die Tomaten vierteln. Die restlichen Zwiebeln schälen und fein schneiden. Den Ingwer schälen und fein reiben.

3. In einem großen Topf das übrige Ghee erhitzen. Die Nelken, den Zimt, den Kardamom und die Lorbeerblätter darin unter Rühren etwa 3 Minuten bei mittlerer Hitze anbraten. Die Zwiebeln, den Blumenkohl und die Kartoffeln nach und nach dazugeben, gut vermischen.

4. Die gemahlenen Gewürze, den Ingwer, die Tomaten und die Erbsen hinzufügen und etwa 2 Minuten mitbraten. Den Joghurt dazugeben und alles gut vermischen. 1/4 l Wasser und Salz dazugeben und das Gemüse zugedeckt etwa 5 Minuten garen. Es soll nur halb gar sein.

5. Den Backofen auf 200° vorheizen. Einen Römertopf mit warmem Wasser auswaschen. Die Hälfte des Reises, die Mandeln und die Rosinen, das Gemüse und den restlichen Reis in den Topf schichten.

6. Das Pilau zugedeckt im Backofen (Mitte) etwa 1 Stunde garen. Vor dem Servieren durchmischen. Die Eier schälen, der Länge nach vierteln und das Gericht damit garnieren.

Gebratener weißer Rettich

Mooli

Zutaten für 4 Personen:
1 weißer Riesenrettich (Asien-Laden)
3 Eßl. Öl
1/2 Teel. Zwiebelsamen
1/4 Teel. Kurkuma, gemahlen
1/4 Teel. edelsüßer Paprika, gemahlen
Salz

Preiswert

Pro Portion etwa:
410 kJ/100 kcal
1 g Eiweiß · 10 g Fett
1 g Kohlenhydrate

- Zubereitungszeit: etwa 30 Minuten

1. Den Rettich schälen, der Länge nach halbieren und in etwa 3 mm dünne Scheiben schneiden.

2. Das Öl in einer Pfanne bei mittlerer Hitze erwärmen. Die Zwiebelsamen darin etwa 1/2 Minute anrösten, dann den Rettich dazugeben und alles unter Rühren weitere 3 Minuten anrösten.

3. Den Kurkuma, das Paprikapulver und Salz daruntermischen und den Rettich zugedeckt bei schwacher Hitze in etwa 20 Minuten garen. Dabei immer wieder umrühren, damit das Gemüse nicht anbrennt.

Im Bild oben: Eier-Biriyani
Im Bild unten: Gebratener weißer Rettich

Auberginen in Senfsauce

Baigan Kari

Zutaten für 4 Personen:
400 g Auberginen
Salz
2 Teel. Kurkuma, gemahlen
1 frische Chilischote
1 Stück frische Ingwerwurzel (etwa 3 cm lang)
2 Tomaten
etwa 50 g Öl
5 Eßl. Senföl
1/2 Teel. Chili, gemahlen
2 Teel. Kreuzkümmel (Cumin), gemahlen
2 Teel. edelsüßer Paprika, gemahlen
3 Eßl. Vollmilchjoghurt
2 Teel. schwarze Senfkörner, gemahlen

Gelingt leicht

Pro Portion etwa:
1300 kJ/310 kcal
2 g Eiweiß · 31 g Fett
4 g Kohlenhydrate

- Zubereitungszeit: etwa 45 Minuten

1. Die Auberginen waschen und in etwa 1 cm dünne Scheiben schneiden. Die Auberginenscheiben mit 1/2 Teelöffel Salz und 1/2 Teelöffel Kurkuma einreiben und etwa 10 Minuten stehenlassen. Die Chilischote waschen, putzen und in kleine Stücke schneiden. Den Ingwer schälen und fein reiben. Die Tomaten waschen und vierteln.

2. Das Öl erhitzen. Die Auberginen darin auf beiden Seiten weich braten, abtropfen lassen.

3. Das Senföl in einer anderen Pfanne erhitzen. Den frischen und den gemahlenen Chili, den übrigen Kurkuma, den Kreuzkümmel, das Paprikapulver und den Ingwer dazugeben und bei mittlerer Hitze etwa 5 Minuten braten. Dabei ständig rühren! Die Tomaten und den Joghurt hinzufügen und gut vermischen. Das Ganze noch etwa 3 Minuten braten, bis eine braune Paste entsteht. 200 ml Wasser angießen und zum Kochen bringen.

4. Die gemahlenen Senfkörner, Salz und die Auberginen zu der Paste geben und alles bei schwacher Hitze etwa 5 Minuten köcheln lassen. Heiß servieren.

Okras mit Kokosmilch

Bhindi Sabji

Zutaten für 2–4 Personen:
500 g Okras
2 mittelgroße Zwiebeln
2 Knoblauchzehen
4 vollreife Tomaten
1 Stück frische Ingwerwurzel (etwa 3 cm lang)
3 Eßl. Ghee (geklärte Butter)
1 Teel. Kreuzkümmel (Cumin), gemahlen
1 Teel. Koriander, gemahlen
1/2 Teel. Kurkuma, gemahlen
1 Teel. edelsüßer Paprika, gemahlen
1/4 Teel. Chili, gemahlen
1/2 Teel. Fenchel, gemahlen
375 ml Kokosnußmilch
Salz

Raffiniert

Bei 4 Personen pro Portion etwa:
930 kJ/230 kcal
4 g Eiweiß · 21 g Fett
8 g Kohlenhydrate

- Zubereitungszeit: etwa 55 Minuten

1. Die Okras waschen und abtrocknen, von den beiden Enden befreien und in etwa 2 cm lange Stücke schneiden. Die Zwiebeln und den Knoblauch schälen und fein schneiden. Die Tomaten waschen und in 2 cm kleine Stücke schneiden. Den Ingwer schälen und fein reiben.

2. Das Ghee in einer Pfanne oder einem Topf bei mittlerer Hitze erwärmen. Die Zwiebeln dazugeben und goldbraun anbraten. Den Knoblauch und den Ingwer hineingeben und unter ständigem Rühren etwa 5 Minuten braten.

3. Alle gemahlenen Gewürze dazugeben und 3–4 Minuten braten. Die Okrastücke hinzufügen und alles weitere 3 Minuten anbraten.

4. Die Tomaten und die Kokosmilch nach und nach dazugeben. Alles vermischen, salzen und zum Kochen bringen. Die Okras zugedeckt bei schwacher Hitze etwa 25 Minuten köcheln lassen, bis sie weich sind. Dabei eventuell etwas Wasser hinzugießen. Mit Reis servieren.

Im Bild oben: Auberginen in Senfsauce
Im Bild unten: Okras mit Kokosmilch

Reis-Linsen-Gemüse-Topf

Khitschuri

Zutaten für 4–6 Personen:
1/2 Blumenkohl
200 g festkochende Kartoffeln
2 Zwiebeln
2 Tomaten
1 frische Chilischote
4 Eßl. Ghee (geklärte Butter)
3 Lorbeerblätter
1 Teel. Kurkuma, gemahlen
1 Teel. Kreuzkümmel (Cumin), gemahlen
1 1/2 Teel. edelsüßer Paprika, gemahlen
1/4 Teel. Chili, gemahlen
200 g Basmatireis
200 g Masoor Dal
100 g tiefgefrorene Erbsen
1 Teel. Garam Masala
Salz

Für Gäste

Bei 6 Personen pro Portion etwa:
1900 kJ/450 kcal
14 g Eiweiß · 21 g Fett
50 g Kohlenhydrate

- Zubereitungszeit: etwa 1 Stunde

1. Das Gemüse waschen. Den Blumenkohl in Röschen von etwa 3 cm Länge schneiden. Die Kartoffeln schälen und in etwa 3 cm große Stücke schneiden. Die Zwiebeln schälen, fein schneiden. Die Tomaten vierteln. Die Chilischote putzen und kleinschneiden.

2. 4 Eßlöffel Ghee in einem Topf erhitzen und die Zwiebeln darin gut braun anbraten. Die Chilistücke, die Lorbeerblätter und die gemahlenen Gewürze (außer dem Garam Masala) hinzufügen und alles bei schwacher Hitze etwa 3 Minuten anbraten.

3. Den Reis, die Linsen, die Kartoffeln, den Blumenkohl, die Tomaten und die Erbsen nach und nach dazugeben und alles gut miteinander vermischen.

4. Salz und 1 1/2 l Wasser hinzufügen und zum Kochen bringen. Dann die Temperatur reduzieren und alles zugedeckt etwa 25 Minuten köcheln lassen, bis es gar ist.

5. Das übrige Ghee schmelzen und mit dem Garam Masala darüber streuen. Dazu paßt ausgebackenes Gemüse (Pakoras, Rezept Seite 16) und Pickles (fertig gekauft) und Chutneys.

Kartoffelcurry mit Mohnsamen

Alu Posto

Zutaten für 2 Personen:
500 g festkochende Kartoffeln
2 frische Chilischoten
1 Stück frische Ingwerwurzel (etwa 2 cm lang)
3 Eßl. weißer Mohn
5 Eßl. Senföl
1 Teel. Kurkuma, gemahlen
1 Teel. edelsüßer Paprika, gemahlen
1/4 Teel. Chili, gemahlen
Salz

Gelingt leicht

Pro Portion etwa:
2400 kJ/570 kcal
8 g Eiweiß · 44 g Fett
39 g Kohlenhydrate

- Zubereitungszeit: etwa 35 Minuten

1. Die Kartoffeln waschen, schälen und in etwa 2 cm kleine Würfel schneiden. Die frischen Chilischoten waschen, putzen und kleinschneiden. Den Ingwer schälen und fein reiben. Die weißen Mohnsamen in einer Kaffeemühle fein mahlen.

2. Das Senföl in einer Karhai oder einem Topf bei mittlerer Hitze erwärmen. Die Kartoffeln dazugeben und etwa 5 Minuten unter ständigem Rühren anbraten.

3. Die Chilis, den Ingwer und die gemahlenen Gewürze hineingeben und etwa 3 Minuten braten, bis die Gewürze dunkelbraun, aber nicht schwarz werden. 400 ml Wasser dazugießen, salzen und alles gut verrühren. Kurz aufkochen lassen.

4. Den gemahlenen Mohn darüber streuen, alles gut vermischen und bei schwacher Hitze zugedeckt so lange kochen, bis die Kartoffeln weich sind. Zwischendurch umrühren, damit das Gemüse nicht anbrennt.

Variante:
Ersetzen Sie die Hälfte der Kartoffeln durch Zucchini.

Im Bild oben: Reis-Linsen-Gemüse-Topf
Im Bild unten: Kartoffelcurry mit Mohnsamen

Eiercurry

Anda Kari

Zutaten für 4 Personen:
4 hartgekochte Eier
1 1/2 Teel. Kurkuma, gemahlen
200 ml Öl
250 g festkochende Kartoffeln
4 Zwiebeln
2 Knoblauchzehen
1 Stück frische Ingwerwurzel (etwa 4 cm lang)
4 Eßl. Ghee (geklärte Butter)
3 grüne Kardamomkapseln
3 Gewürznelken
3 Zimtrinden (je etwa 5 cm groß)
2 Lorbeerblätter
1/2 Teel. Chili, gemahlen
Salz · 1 Teel. Garam Masala

Für Gäste

Pro Portion etwa:
2100 kJ/500 kcal
9 g Eiweiß · 46 g Fett
14 g Kohlenhydrate

- Zubereitungszeit: etwa 1 Stunde

1. Die Eier schälen, mehrmals einritzen und mit 1/4 Teelöffel Kurkuma bestreuen. In einer Pfanne in der Hälfte des Öls kurz anbraten, herausnehmen.

2. Die Kartoffeln waschen, schälen, in etwa 3 cm große Stücke schneiden und ebenfalls mit 1/4 Teelöffel Kurkuma vermischen. In einer Pfanne in 2 Eßlöffeln Öl anbraten, wieder herausnehmen.

3. Die Zwiebeln und den Knoblauch schälen und fein schneiden. Den Ingwer schälen und fein reiben.

4. Das Ghee erhitzen. Die Zwiebeln, den Kardamom, die Gewürznelken, den Zimt und die Lorbeerblätter darin bei mittlerer Hitze etwa 5 Minuten anbraten. Den übrigen Kurkuma, das Chilipulver und den Ingwer hineingeben und weitere 5 Minuten braten.

5. Die Kartoffeln, die Eier, Salz und 1/4 l Wasser hinzufügen und zugedeckt bei mittlerer Hitze etwa 20 Minuten köcheln lassen, bis die Kartoffeln weich sind. Die Eier nach Wunsch halbieren.

6. Den Garam Masala und den Knoblauch mit dem übrigen Öl in einer Pfanne anbraten und zu dem Curry geben.

Weißkohl mit Erbsen

Bandha Gobi

Zutaten für 4 Personen:
500 g Weißkohl
250 g festkochende Kartoffeln
2 Tomaten
3 Eßl. Ghee (geklärte Butter)
oder 5 Eßl. Öl
3 Lorbeerblätter
1/2 Teel. Kreuzkümmelsamen (Cumin)
1 Teel. Kurkuma, gemahlen
1/2 Teel. Chili, gemahlen
1 1/2 Teel. Kreuzkümmel (Cumin), gemahlen
1 Teel. Koriander, gemahlen
Salz
1/2 Teel. Zucker
150 g tiefgefrorene Erbsen

Gelingt leicht

Pro Portion etwa:
990 kJ/240 kcal
5 g Eiweiß · 15 g Fett
20 g Kohlenhydrate

- Zubereitungszeit: etwa 50 Minuten

1. Den Weißkohl waschen, abtropfen lassen und fein hobeln oder schneiden. Die Kartoffeln waschen, schälen und in kleine Würfel schneiden. Die Tomaten waschen und kleinschneiden.

2. Das Ghee oder das Öl in einer Karhai oder einem Topf bei mittlerer Hitze erwärmen. Die Lorbeerblätter und die Kreuzkümmelsamen hineingeben, kurz anbraten.

3. Den Weißkohl und die Kartoffeln dazugeben und etwa 3 Minuten unter ständigem Rühren braten.

4. Alle gemahlenen Gewürze, die Tomaten, Salz und den Zucker nach und nach dazugeben. Alles gut verrühren.

5. Das Gemüse zugedeckt bei schwacher Hitze etwa 15 Minuten garen. Die Erbsen dazugeben und alles weitere 5 Minuten zugedeckt schmoren lassen, bis das Gemüse weich ist. Bei Bedarf etwas Wasser hinzufügen. Zwischendurch umrühren, damit nichts anbrennt.

Im Bild oben: Weißkohl mit Erbsen
Im Bild unten: Eiercurry

Roter Lammfleischtopf

Rogan Josh

Zutaten für 6 Personen:
1 kg Lammschulter ohne Knochen
1 Stück frische Ingwerwurzel (etwa 4 cm lang)
4 Knoblauchzehen
6 Zwiebeln
10 Eßl. Ghee (geklärte Butter)
8 grüne Kardamomkapseln
6 Gewürznelken
3 Lorbeerblätter
8 schwarze Pfefferkörner
2 Zimtrinden (je etwa 5 cm groß)
4 Teel. edelsüßer Paprika, gemahlen
1/2 Teel. Chili, gemahlen
2 Teel. Koriander, gemahlen
2 Teel. Kreuzkümmel (Cumin), gemahlen
Salz
6 Eßl. Vollmilchjoghurt
1/2 Teel. Garam Masala

Braucht etwas Zeit

Pro Portion etwa:
3000 kJ/710 kcal
32 g Eiweiß · 64 g Fett
6 g Kohlenhydrate

- Zubereitungszeit: etwa 1 3/4 Stunden

1. Das Fleisch in etwa 2 cm große Würfel schneiden. Den Ingwer und den Knoblauch schälen und mit 4 Eßlöffeln Wasser pürieren. Die Zwiebeln schälen und fein hacken.

2. Das Ghee erhitzen. Das Fleisch darin nach und nach kräftig anbraten und beiseite stellen. Den Kardamom, die Nelken, die Lorbeerblätter, den Pfeffer und den Zimt in das Ghee geben und kurz anbraten.

3. Die Zwiebeln dazugeben und gut braun braten. Die Ingwerpaste hinzufügen und etwa 1 Minute anbraten. Die gemahlenen Gewürze und Salz 1 weitere Minute braten.

4. Das Fleisch wieder in den Topf geben. Den Joghurt unterrühren und etwa 5 Minuten erwärmen. 300 ml Wasser dazugießen und alles zum Kochen bringen. Das Fleisch zugedeckt bei schwacher Hitze in etwa 50 Minuten weich garen. Zwischendurch umrühren. Den Garam Masala darüber streuen.

Lamm mit Spinat

Palak Gosht

Zutaten für 4 Personen:
600 g Lammschulter ohne Knochen
600 g Blattspinat · 5 Zwiebeln
1 Stück frische Ingwerwurzel (etwa 3 cm lang)
4 Knoblauchzehen · 8 Eßl. Öl
1/4 Teel. schwarze Pfefferkörner
5 Gewürznelken · 2 Lorbeerblätter
5 grüne Kardamomkapseln
2 Teel. Kreuzkümmel (Cumin), gemahlen
1/4 Teel. Chili, gemahlen
1 1/2 Teel. Kurkuma, gemahlen
2 Teel. edelsüßer Paprika, gemahlen
1 1/2 Eßl. Bockshornkleeblätter
Salz · 1 Teel. Garam Masala
100 g Sahne

Gelingt leicht • Raffiniert

Pro Portion etwa:
3000 kJ/710 kcal
33 g Eiweiß · 61 g Fett
9 g Kohlenhydrate

- Zubereitungszeit: etwa 1 1/2 Stunden

1. Das Fleisch in etwa 2 cm große Würfel schneiden. Den Spinat waschen und klein hacken. Die Zwiebeln schälen und fein hacken. Den Ingwer und den Knoblauch schälen und fein reiben.

2. Das Öl bei mittlerer Hitze erwärmen. Die ganzen Gewürze etwa 1 Minute anbraten. Die Zwiebeln dazugeben und dunkelbraun braten. Den Knoblauch und den Ingwer hinzufügen und alles weitere 2 Minuten unter ständigem Rühren braten.

3. Das Fleisch hinzufügen und etwa 3 Minuten mitbraten. Die gemahlenen Gewürze und die Bockshornkleeblätter dazugeben und alles noch etwa 2 Minuten verrühren. Den Spinat und Salz so lange unterrühren, bis der Spinat zusammenfällt.

4. Das Fleisch bei schwacher Hitze zugedeckt in etwa 50 Minuten weich schmoren. Dann den Garam Masala und die Sahne hinzufügen und weitere 5 Minuten offen köcheln lassen, bis eine dicke hellgrüne Sauce entstanden ist.

Im Bild oben: Lamm mit Spinat
Im Bild unten: Roter Lammfleischtopf

Scharf-saures Lammfleisch

Vindaloo

Zutaten für 6 Personen:
Für die Vindaloo-Paste:
1/2 Teel. Kardamomsamen
(aus etwa 1/2 Eßl. Kapseln)
2 getrocknete Chilischoten
2 Teel. Kreuzkümmelsamen (Cumin)
1 Teel. schwarze Pfefferkörner
1 Teel. schwarze Senfkörner
2 Zimtrinden (je 5–6 cm groß)
1 Teel. Bockshornkleesamen
4 Eßl. Weißweinessig
2 Teel. brauner Zucker
Salz
Für das Fleisch:
1 kg Lammkeule ohne Knochen
4 Zwiebeln
6 Knoblauchzehen
1 Stück frische Ingwerwurzel
(etwa 4 cm lang)
6 Eßl. Ghee (geklärte Butter) oder Öl
1 Teel. Koriander, gemahlen
2 Teel. Kurkuma, gemahlen
2 Teel. edelsüßer Paprika, gemahlen
1 Teel. Chili, gemahlen
2 Eßl. Tomatenmark
Salz

Berühmtes Gericht

Pro Portion etwa:
2700 kJ/640 kcal
31 g Eiweiß · 55 g Fett
6 g Kohlenhydrate

• Zubereitungszeit: etwa 2 Stunden

1. Für die Vindaloo-Paste die Kardamomsamen aus den Kapseln lösen. Mit den Chilischoten, dem Kreuzkümmel, den Pfefferkörnern, den Senfkörnern, dem Zimt und den Bockshornkleesamen in einer elektrischen Kaffeemühle fein mahlen. Herausnehmen und in eine Schüssel geben. Den Weißweinessig, den braunen Zucker, 2 Eßlöffel Wasser und 1 Teelöffel Salz dazugeben, gut vermischen und beiseite stellen.

2. Das Lammfleisch kalt abspülen, trockentupfen und in etwa 2 cm große Würfel schneiden. Die Zwiebeln schälen, grob zerkleinern und pürieren. Den Knoblauch und den Ingwer schälen, grob zerkleinern und mit 4 Eßlöffeln Wasser im Mixer pürieren.

3. 5 Eßlöffel Ghee oder Öl in einem Topf erhitzen. Die Zwiebeln darin bei mittlerer Hitze unter Rühren dunkelbraun anbraten. Die Vindaloo-Paste dazugeben, kurz untermischen. Den Topf von der Herdplatte nehmen.

4. Das übrige Ghee oder Öl in einem Topf erhitzen. Die Fleischstücke darin nach und nach kräftig anbraten, jeweils mit einem Schaumlöffel herausheben und auf einem Teller beiseite stellen.

5. Die Ingwer-Knoblauch-Paste hinzufügen und bei mittlerer Hitze etwa 1 Minute anbraten. Den Koriander, den Kurkuma, das Paprikapulver, das Chilipulver und das Tomatenmark hinzufügen und ebenfalls etwa 1 Minute mitbraten. Dabei ständig rühren.

6. Das Fleisch und die Vindaloo-Paste unterrühren. 300 ml Wasser dazugießen und zum Kochen bringen. Das Fleisch zugedeckt bei schwacher Hitze etwa 45 Minuten garen, bis es weich ist. Zwischendurch umrühren, damit das Fleisch nicht anbrennt. Mit Basmatireis servieren.

Tip!
Vindaloo-Gerichte sind in der Regel sehr scharf. Je nach Ihrem persönlichen Geschmack können Sie die Chili-Menge reduzieren.

Viele unterschiedliche Gewürze, zu einer feinen Paste verarbeitet, geben dem Lammfleisch ein ganz besonderes Aroma.

Hähnchen-Curry

Murg Kari

Zutaten für 4 Personen:
1 kg frische Hähnchenteile
100 g festkochende Kartoffeln
2 Tomaten
1 Stück frische Ingwerwurzel
(etwa 2 cm lang)
2 frische Chilischoten
4 Zwiebeln · 4 Knoblauchzehen
5 Eßl. Ghee (geklärte Butter) oder Öl
1 Zimtrinde (etwa 6 cm groß)
2 grüne Kardamomkapseln
2 Gewürznelken · 2 Lorbeerblätter
1/2 Teel. Chili, gemahlen
1 Teel. Kreuzkümmel (Cumin), gemahlen
1 Teel. Koriander, gemahlen
2 Teel. Tomatenmark
Salz · 3 Eßl. Vollmilchjoghurt
2 Teel. Garam Masala

Berühmtes Gericht

Pro Portion etwa:
1800 kJ/430 kcal
36 g Eiweiß · 26 g Fett
10 g Kohlenhydrate

- Zubereitungszeit: etwa 1 Stunde 10 Minuten

1. Die Hähnchenstücke häuten und in Portionen schneiden. Die Kartoffeln schälen und 3 cm groß würfeln. Die Tomaten waschen und vierteln. Den Ingwer schälen und fein reiben. Die Chilischoten waschen und fein schneiden. Die Zwiebeln und den Knoblauch schälen und fein hacken.

2. Das Ghee oder das Öl bei mittlerer Hitze erwärmen. Die Zwiebeln darin gut braun braten. Die ganzen Gewürze dazugeben und etwa 2 Minuten braten. Die gemahlenen Gewürze, außer dem Garam Masala, hinzufügen und 2–3 Minuten anbraten. Die Chilis, den Knoblauch und den Ingwer untermischen. Die Tomaten, das Hähnchen, das Tomatenmark und den Joghurt unter Rühren etwa 5 Minuten anbraten.

3. Salz und 1/2 l Wasser dazugeben und zum Kochen bringen. Nach 10 Minuten die Kartoffeln dazugeben. Alles zugedeckt bei schwacher Hitze etwa 30 Minuten köcheln lassen. Zwischendurch umrühren. Den Garam Masala darüber streuen.

Huhn in Mandelsauce

Murg Man Pasand

Zutaten für 6 Personen:
1 kg Hähnchenbrustfilets
6 Zwiebeln · 6 Knoblauchzehen
1 Stück frische Ingwerwurzel
(etwa 3 cm lang)
3 Tomaten
3 Eßl. Ghee (geklärte Butter) oder Öl
4 Gewürznelken
4 Zimtrinden (je etwa 5 cm groß)
6 grüne Kardamomkapseln
1 1/2 Teel. Kreuzkümmel (Cumin),
gemahlen
1/2 Teel. Koriander, gemahlen
1 Teel. Kurkuma, gemahlen
1/4 Teel. Chili, gemahlen · Salz
3 Eßl. Mandeln, fein gerieben
1 Eßl. frische Korianderblätter
1 Eßl. Mandelsplitter

Schnell

Pro Portion etwa:
1400 kJ/330 kcal
40 g Eiweiß · 16 g Fett
4 g Kohlenhydrate

- Zubereitungszeit: etwa 50 Minuten

1. Die Hähnchenbrust häuten und in etwa 1 1/2 cm breite Streifen schneiden. Die Zwiebeln schälen und in Streifen schneiden. Den Knoblauch schälen und durchpressen. Den Ingwer schälen und fein reiben. Die Tomaten waschen und würfeln.

2. Das Ghee oder das Öl bei mittlerer Hitze erwärmen. Die Zwiebeln darin in etwa 10 Minuten unter ständigem Rühren dunkelbraun anbraten. Den Knoblauch und den Ingwer weitere 2 Minuten rösten. Die ganzen Gewürze weitere 2 Minuten mitbraten. Die Hähnchenstreifen dazugeben und unter ständigem Rühren etwa 5 Minuten mitbraten. Die gemahlenen Gewürze und Salz hinzufügen und gut umrühren.

3. Die Tomaten, die Mandeln und 1/4 l heißes Wasser nach und nach dazugeben. Alles zum Kochen bringen. Das Hähnchen zugedeckt bei schwacher Hitze etwa 25 Minuten köcheln lassen. Dabei häufig umrühren. Mit den Korianderblättern und den Mandelsplittern garnieren.

Bild oben: Hähnchen-Curry
Bild unten: Huhn in Mandelsauce

Tandoori-Hähnchen

Tandoori Murg

Tandoor heißt in Indien ein faßförmiger Tonofen, der mit Holzkohle oder Holz beheizt wird. Die rote Farbe gehört traditionell zum Gericht. Natürlich können Sie auf die Speisefarbe (wie auf dem Foto) verzichten, denn auf den Geschmack hat sie keinen Einfluß.

Zutaten für 4 Personen:
1 kg Hähnchenteile (Keulen und Brust)
Salz
10 Eßl. Essig
1 Stück frische Ingwerwurzel (etwa 4 cm lang)
3 Knoblauchzehen
300 g Vollmilchjoghurt
1/2 Teel. Chili, gemahlen
2 Teel. edelsüßer Paprika, gemahlen
1 Teel. Kreuzkümmel (Cumin), gemahlen
1 Teel. Koriander, gemahlen
1/2 Teel. schwarzer Pfeffer, gemahlen
1/2 Teel. Kurkuma, gemahlen
1 Teel. Muskatnuß, gemahlen
1/4 Teel. rote Speisefarbe

Aus Nordindien

Pro Portion etwa:
860 kJ/200 kcal
37 g Eiweiß · 4 g Fett
4 g Kohlenhydrate

- Marinierzeit: 7–25 Stunden
- Zubereitungszeit: etwa 30 Minuten

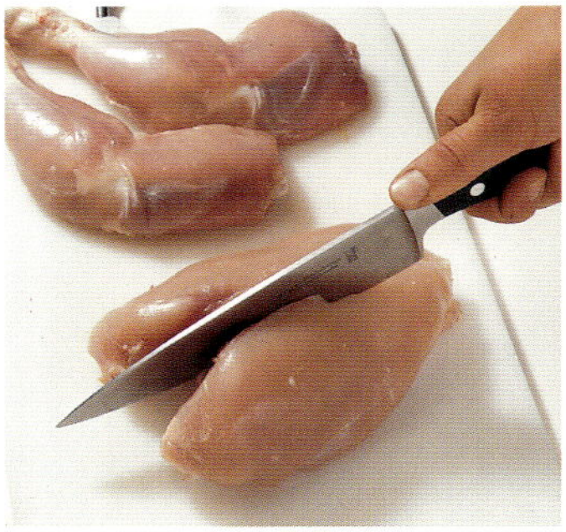

1. Die Hähnchenstücke kalt abspülen, trockentupfen und enthäuten. Die Bruststücke in zwei Teile schneiden, die Keulen ganz lassen. Das Fleisch etwas einschneiden, damit die Gewürze gut eindringen können. Die Hähnchenteile auf einer Platte verteilen, mit Salz bestreuen und mit dem Essig beträufeln. Etwa 1 Stunde ziehen lassen.

2. Den Ingwer und den Knoblauch schälen und fein reiben. Den Joghurt in eine große Schüssel geben, alle Gewürze und die Speisefarbe dazugeben und gut untermischen. Die Hähnchenteile hineinlegen und 6–24 Stunden zugedeckt im Kühlschrank ziehen lassen.

3. Den Backofen auf 180° vorheizen. Die marinierten Hähnchenstücke aus der Sauce nehmen und auf ein mit Alufolie belegtes Backblech legen. Die Hähnchenstücke im Backofen (Mitte) etwa 45 Minuten backen.

4. Zwischendurch die restliche Sauce mit einem Pinsel auf die Hähnchenstücke streichen. Mit einem Messer prüfen, ob das Fleisch gar ist. Wenn klarer Saft austritt, ist es fertig. Warm servieren.

Meeresfrüchte mit Kokosmilch

Jhinga Malai

Zutaten für 4 Personen:
500 g gegarter Hummer oder rohe Garnelen
4 Zwiebeln
4 Eßl. Ghee (geklärte Butter) oder Öl
1 Teel. Garam Masala
1 Teel. Kurkuma, gemahlen
1/2 Teel. Chili, gemahlen
2 Lorbeerblätter
2 Zimtrinden (je etwa 6 cm groß)
2 grüne Kardamomkapseln
2 Gewürznelken
400 ml Kokosmilch
Salz
1 Teel. Zucker

Raffiniert

Pro Portion etwa:
1300 kJ/310 kcal
24 g Eiweiß · 22 g Fett
6 g Kohlenhydrate

- Zubereitungszeit: etwa 1 Stunde

1. Den Hummer oder die Garnelen aus den Schalen lösen. Die Zwiebeln schälen, 2 fein hacken und 2 pürieren. Das Ghee oder das Öl in einer schweren Pfanne bei mittlerer Hitze erwärmen. Den Garam Masala hinzufügen und etwa 1 Minute anrösten. Die gehackten Zwiebeln dazugeben und unter Rühren dunkelbraun anbraten.

2. Nach und nach die pürierten Zwiebeln, den Kurkuma, das Chilipulver, die Lorbeerblätter, die Zimtrinden, die Kardamomkapseln und die Nelken hinzufügen und alles gut anbraten. Dabei ständig rühren. Wenn nötig, die Temperatur etwas niedriger schalten.

3. 200 ml Kokosmilch, Salz und den Zucker dazugeben und gut vermischen. Den Hummer oder die Garnelen in die Sauce legen, vorsichtig wenden und bei schwacher Hitze etwa 10 Minuten darin ziehen lassen.

4. Die restliche Kokosmilch daruntermischen und einmal kurz aufkochen. Mit Basmatireis oder fritiertem Vollkornbrot (Puri, Rezept Seite 44) servieren.

Fisch-Curry

Macchli Kari

Zutaten für 4 Personen:
800 g frisches oder tiefgefrorenes Fischfilet (zum Beispiel Rotbarsch)
2 Tomaten · 2 Kartoffeln
2 frische Chilischoten
1 Stück frische Ingwerwurzel (etwa 4 cm lang)
3 Teel. Senfpulver
6 Eßl. Senföl
2 Teel. Kurkuma, gemahlen
2 Teel. Kreuzkümmel (Cumin), gemahlen
2 Teel. edelsüßer Paprika, gemahlen
1/4 Teel. Chili, gemahlen
4 Eßl. Vollmilchjoghurt
Salz

Raffiniert

Pro Portion etwa:
900 kJ/210 kcal
16 g Eiweiß · 14 g Fett
6 g Kohlenhydrate

- Zubereitungszeit: etwa 45 Minuten

1. Den Fisch in mundgerechte Stücke schneiden. Die Tomaten waschen und vierteln. Die Kartoffeln waschen, schälen und in 1×6 cm große Stücke schneiden. Die Chilis waschen, putzen und kleinschneiden. Den Ingwer schälen und hacken. Das Senfpulver mit 6 Eßlöffeln Wasser verrühren und stehenlassen.

2. Das Senföl in einer großen Pfanne erhitzen. Die Chilis, den Ingwer und die gemahlenen Gewürze dazugeben. Bei schwacher Hitze unter ständigem Rühren etwa 5 Minuten rösten.

3. Den Joghurt und die Tomaten dazugeben und etwa 5 Minuten mitbraten. Ständig rühren! 150 ml Wasser dazugießen und unter Rühren zum Kochen bringen.

4. Die Kartoffeln und das angerührte Senfpulver hineingeben und alles noch einmal etwa 5 Minuten kochen lassen. Salzen, den Fisch vorsichtig hineinlegen. Alles bei leicht geöffnetem Deckel und mittlerer Hitze etwa 5 Minuten garen. Dabei gelegentlich mit Sauce beschöpfen.

Fisch in Zwiebelsauce

Maccher Kalia

Zutaten für 4 Personen:
800 g frische Lachsforelle oder anderes Fischfilet · Salz
1 1/2 Teel. Kurkuma, gemahlen
3 Zwiebeln · 3 Tomaten
2 frische Chilischoten
1 Stück frische Ingwerwurzel (etwa 4 cm lang)
2 Knoblauchzehen
3 Eßl. Ghee (geklärte Butter)
2 Lorbeerblätter
1/2 Teel. Kreuzkümmelsamen (Cumin)
2 Eßl. Vollmilchjoghurt
2 Teel. Senföl
1 Teel. Garam Masala

Preiswert

Pro Portion etwa:
1200 kJ/290 kcal
23 g Eiweiß · 18 g Fett
5 g Kohlenhydrate

- Zubereitungszeit: etwa 45 Minuten

1. Den Fisch in etwa 6 cm große Stücke schneiden. Die Fischstücke mit 1/2 Teelöffel Salz und 1/2 Teelöffel Kurkuma bestreuen und stehenlassen. Die Zwiebeln schälen und fein hacken. Die Tomaten waschen und vierteln. Die Chilischoten waschen, putzen und kleinschneiden. Den Ingwer und den Knoblauch schälen und fein reiben.

2. Das Ghee in einem flachen Topf erhitzen. Die Lorbeerblätter und den Kreuzkümmel etwa 1 Minute bei mittlerer Hitze anrösten. Die Zwiebeln dazugeben und unter Rühren dunkelbraun anbraten. Nach und nach unter Rühren den Ingwer, den Knoblauch, die Chilis und den übrigen Kurkuma dazugeben und etwa 2 Minuten mitrösten. Die Tomaten und den Joghurt hinzufügen und noch einmal etwa 3 Minuten durchmischen. 150 ml Wasser angießen und zum Kochen bringen.

3. Wenn die Sauce anfängt zu kochen, die Temperatur reduzieren, die Sauce mit Salz abschmecken und die Fischstücke vorsichtig hineinlegen. Den Fisch gut mit der Sauce bedecken und zugedeckt bei schwacher Hitze etwa 10 Minuten ziehen lassen.

4. Kurz vor dem Servieren das Senföl und den Garam Masala über den Fisch streuen und sehr vorsichtig wenden, damit die Fischstücke nicht zerfallen. Mit Reis heiß servieren.

Im Bild oben: Fisch-Curry
Im Bild unten: Fisch in Zwiebelsauce

Gekochter Basmatireis

Chawal

Basmatireis ist eine der ältesten Reissorten. Einwanderer fanden ihn vor etwa 3000 Jahren im Kashmirhochland. Am Fuße des Himalajagebirges, dort, wo das Schneewasser die Talterrassen der Hochebene überflutet, wächst dieser König der Reissorten. Er ist ein aromatisch duftender Reis, daher der Name Basmatireis, der auch Duftreis bedeutet.

Zutaten für 4 Personen:
250 g Basmatireis

Gelingt leicht

Pro Portion etwa:
910 kJ/220 kcal
5 g Eiweiß · 1 g Fett
46 g Kohlenhydrate

- Zubereitungszeit: etwa 45 Minuten

1. Den Basmatireis in einem Sieb mit kaltem Wasser spülen, dann in einer Schüssel in Wasser etwa 30 Minuten einweichen, damit er beim Kochen besser quillt.

2. Den Reis abtropfen lassen und in einen Topf geben. 1/2 l Wasser dazugießen und zum Kochen bringen. Die Temperatur reduzieren, den Elektroherd ganz ausschalten. Den Reis etwa 15 Minuten zugedeckt quellen lassen, bis er alle Flüssigkeit aufgesogen hat. Dabei nicht umrühren.

Gemüse-Safran-Reis

Pulao

Zutaten für 4 Personen:
400 g Basmatireis
2 Döschen gemahlener Safran (0,2 g)
25 g Cashewkerne
6 Eßl. Ghee (geklärte Butter)
2 Zimtrinden (je etwa 5 cm groß)
5 grüne Kardamomkapseln
5 Gewürznelken · 3 Lorbeerblätter
20 g Rosinen
250 g tiefgefrorenes Möhren-Erbsen-Gemüse
25 g Mandelstifte · 2 Eßl. Zucker
Salz

Für Gäste

Pro Portion etwa:
3200 kJ/760 kcal
12 g Eiweiß · 38 g Fett
92 g Kohlenhydrate

- Zubereitungszeit: etwa 45 Minuten

1. Den Reis in einem Sieb waschen und abtropfen lassen. Den Safran in eine Schüssel geben und mit 3 Eßlöffeln kochendem Wasser übergießen. Die Cashewkerne kleinschneiden.

2. In einem großen Topf das Ghee bei mittlerer Hitze erwärmen. Die Zimtrinden, den Kardamom, die Nelken und die Lorbeerblätter in das Ghee geben und etwa 2 Minuten anbraten.

3. Den Reis, die Rosinen und das Gemüse hinzugeben und etwa 3 Minuten mitbraten. Den Safran, die Mandeln, die Cashewkerne, Salz und den Zucker hinzufügen und alles gut vermischen.

4. 1 l Wasser angießen und schnell zum Kochen bringen. Die Temperatur reduzieren, den Elektroherd sogar ganz ausschalten. Den Reis etwa 15 Minuten bei geschlossenem Topf quellen lassen, bis er weich ist und alle Flüssigkeit aufgesogen hat. Dabei nicht umrühren.

Im Bild oben: Gekochter Basmatireis
Im Bild unten: Gemüse-Safran-Reis

Fladenbrot

Chapati

Chapati-Mehl ist eine spezielle Mischung aus Weizenmehl und -schrot, die Sie in Asien-Läden kaufen können.

Zutaten für etwa 16 Fladen:
400 g Chapati-Mehl
2 Eßl. Ghee (geklärte Butter) oder Öl
1 Teel. Salz

Braucht etwas Zeit

Pro Fladen etwa:
410 kJ/100 kcal
3 g Eiweiß · 3 g Fett
15 g Kohlenhydrate

- Zubereitungszeit: etwa 1 Stunde

1. Das Mehl, das Ghee oder das Öl, 225 ml Wasser und das Salz in eine Schüssel geben.

2. Alles mit den Händen zu einem weichen, glatten Teig verarbeiten und mindestens 15 Minuten kneten. Den Teig zu einer Kugel formen, mit einem feuchten Tuch bedecken und etwa 20 Minuten ruhen lassen.

3. Den Teig in 16 Stücke teilen, diese zu kleinen Kugeln formen. Auf einem bemehlten Brett rund und dünn ausrollen. Die Chapatis dürfen aber nicht größer sein als die Pfanne!

4. Eine Pfanne etwa 5 Minuten bei mittlerer Hitze erwärmen. 1 Fladen hineinlegen und etwa 1 Minute backen. Den Fladen wenden und auf der anderen Seite ebenfalls etwa 1 Minute backen, bis er bräunlich ist. Die restlichen Chapatis auf die gleiche Weise zubereiten.

5. Die fertigen Chapatis in einem geschlossenen Topf aufbewahren, damit sie nicht zu schnell auskühlen und nicht austrocknen. Am besten kurz vor dem Servieren zubereiten.

Fritiertes Vollkornbrot

Puri

Es macht Vergnügen, zu sehen, wie sich die kleinen runden Fladen – im heißen Fett schwimmend ausgebacken – wie Ballons aufblähen.

Zutaten für 15 Stück:
150 g Weizenvollkornmehl
1/2 Teel. Salz
2 Eßl. Ghee (geklärte Butter) oder Öl
etwa 750 g Pflanzenöl zum Fritieren

Raffiniert • Für Gäste

Pro Stück etwa:
480 kJ/110 kcal
1 g Eiweiß · 10 g Fett
6 g Kohlenhydrate

- Zubereitungszeit: etwa 45 Minuten

1. Das Mehl, das Salz und das Ghee oder Öl in eine Schüssel geben. 75 ml Wasser langsam dazugießen und alles mit den Händen etwa 10 Minuten kneten, bis ein glatter und elastischer Teig entstanden ist.

2. Den Teig in 15 gleich große Kugeln teilen. Die Kugeln flach drücken und auf einer eingeölten Fläche rund in einem Durchmesser von etwa 15 cm ausrollen. Die Puris nicht aufeinander legen, damit sie nicht zusammenkleben.

3. Das Öl in einer Karhai oder in einem Topf stark erhitzen. Wenn das Öl anfängt zu rauchen, die Hitze reduzieren.

4. 1 Fladen in das Öl legen. In der Mitte den Puri mit einer Siebkelle sanft hinunterdrücken, bis er sich wie ein Ballon aufbläht. Den Fladen wenden und auf der anderen Seite goldbraun ausbacken. Herausnehmen und abtropfen lassen. Die gebackenen Puris jeweils in einem geschlossenen Topf aufbewahren, die restlichen Puris ebenso ausbacken. Heiß servieren.

Im Bild oben: Fladenbrot
Im Bild unten: Fritiertes Vollkornbrot

Geschichtetes Brot

Paratha

Zutaten für 16 Brote:
400 g Chapati-Mehl
2 Eßl. Ghee (geklärte Butter) oder Öl
1 Teel. Salz
flüssiges Ghee zum Einpinseln

Braucht etwas Zeit

Pro Stück etwa:
510 kJ/120 kcal
3 g Eiweiß · 6 g Fett
15 g Kohlenhydrate

- Zubereitungszeit: etwa 1 1/2 Stunden

1. Das Mehl, das Ghee oder das Öl, 275 ml Wasser und das Salz in eine Schüssel geben.

2. Alles mit den Händen zu einem weichen, glatten Teig verarbeiten und mindestens 15 Minuten kneten. Den Teig zu einer Kugel formen, mit etwas flüssigem Ghee einpinseln und etwa 20 Minuten ruhen lassen.

3. Den Teig in 16 Stücke teilen, diese zu kleinen Kugeln formen. Auf einem bemehlten Brett rund und dünn mit einem Durchmesser von etwa 17 cm ausrollen. Die Fladen mit etwas Ghee bestreichen und einmal zusammenfalten. Wiederum mit Ghee einpinseln und nochmals zusammenfalten, so daß ein Dreieck entsteht. Dieses Dreieck zu einem Dreieck von 20 cm Kantenlänge ausrollen. Den Teig immer wieder mit Mehl bestäuben. Eine Chapati-Pfanne oder eine gußeiserne Pfanne bei mittlerer Hitze erwärmen.

4. Die Pfanne mit etwas Ghee einpinseln, die Paratha hineinlegen und bei mittlerer Hitze etwa 1 Minute braten. Die Oberfläche der Paratha mit Ghee einpinseln, wenden und von der anderen Seite ebenfalls etwa 1 Minute braten. Den Fladen noch einmal wenden und erneut etwa 1 Minute backen. Die Paratha ist fertig, wenn sie von beiden Seiten goldbraun ist. Auf diese Weise alle Fladen backen. Die fertigen Parathas in einem geschlossenen Topf aufbewahren, damit sie nicht zu schnell auskühlen.

Hefebrot

Naan

Naan ist das berühmte Mogul-Brot, das ursprünglich in einem Tandoor-Ofen gebacken wurde.

Zutaten für 9 Brote:
etwa 150 ml Milch
2 Teel. Zucker
15 g frische Hefe
500 g Mehl
Salz
1 Teel. Backpulver
2 Eßl. Öl
150 g Vollmilchjoghurt · 1 Ei

Für Gäste

Pro Stück etwa:
1065 kJ/220 kcal
6 g Eiweiß · 5 g Fett
47 g Kohlenhydrate

- Zubereitungszeit: etwa 1 1/2 Stunden
- Ruhezeit: etwa 1 1/4 Stunden

1. Die Milch lauwarm erwärmen. 1 Teelöffel Zucker, die Hefe und die Milch in eine Schüssel geben und gut verrühren. Zugedeckt etwa 15 Minuten stehenlassen.

2. Das Mehl in eine große Schüssel sieben. 1/2 Teelöffel Salz und das Backpulver dazugeben und untermischen. Den übrigen Zucker, die Milch mit der Hefe, das Öl, den Joghurt und das Ei nach und nach darunterrühren. Den Teig kräftig kneten. Zugedeckt an einem warmen Ort etwa 1 Stunde gehen lassen.

3. Den Backofen auf 220° vorheizen. Ein Backblech mit Öl einfetten. Den Teig erneut durchkneten und in 6 Kugeln formen. Die erste Kugel auf einer bemehlten Arbeitsfläche zu einem tropfenförmigen Naan ausrollen (etwa 1 cm dick, 25 cm lang und 13 cm breit).

4. Den Naan auf das Backblech legen, sofort in den heißen Backofen (Mitte) schieben und etwa 8 Minuten backen. Den fertigen Naan in eine Serviette einschlagen. Mit dem restlichen Teig auf die gleiche Weise verfahren.

Im Bild oben: Geschichtetes Brot
Im Bild unten: Hefebrot

Weizenschrotmehl
e 1 kg
Zutaten:

Fritiertes Fladenbrot mit Erbsen

Kotschuri

Zutaten für 16 Stück:
200 g Mehl
4 Eßl. Ghee (geklärte Butter) oder Öl
Salz
150 g tiefgefrorene, aufgetaute Erbsen
1 Teel. Garam Masala
1/2 Teel. Kreuzkümmel (Cumin), gemahlen
750 g Öl zum Fritieren

Gelingt leicht

Pro Stück etwa:
750 kJ/180 kcal
2 g Eiweiß · 14 g Fett
11 g Kohlenhydrate

- Zubereitungszeit: etwa 1 Stunde

1. Für den Teig das Mehl, 2 Eßlöffel Ghee oder Öl und 1/2 Teelöffel Salz in eine Schüssel geben und gut vermischen. 120 ml Wasser dazugeben und alles etwa 15 Minuten kneten, bis der Teig weich und elastisch ist. Den Teig mit einem feuchten Tuch bedecken und etwa 20 Minuten lang ruhen lassen.

2. Inzwischen die Erbsen im Mixer fein pürieren. Das restliche Ghee oder Öl in einer Pfanne bei mittlerer Hitze erwärmen.

3. Die pürierten Erbsen dazugeben und unter Rühren bei schwacher Hitze etwa 3 Minuten braten. Den Garam Masala, den Kreuzkümmel und Salz untermischen, die Füllung abkühlen lassen.

4. Den Teig mit dem Erbsenpüree gut vermischen. Falls die Masse zu weich wird, noch etwas Mehl dazugeben und gut verkneten.

5. Den Teig in 16 gleich große Kugeln teilen. Die Stücke jeweils flach drücken und auf einer eingeölten Arbeitsfläche rund zu einer Größe von etwa 15 cm Durchmesser und 1–2 mm Dicke ausrollen.

6. Das Öl zum Fritieren in einer Karhai oder einem tiefen Topf sehr heiß werden lassen. Es ist heiß genug, wenn an einem hölzernen Kochlöffelstiel, den Sie ins heiße Fett tauchen, kleine Bläschen aufsteigen.

7. 1 Fladen in das heiße Öl legen. Mit einer Siebkelle sanft hinunterdrücken, bis sich der Kotschuri wie ein Ballon aufbläht.

8. Den Fladen wenden und auf der anderen Seite goldbraun ausbacken. Herausnehmen und auf Küchenpapier abtropfen lassen und in einem zugedeckten Topf warm halten. Die übrigen Fladen ebenso backen. Warm servieren.

Variante:
Statt mit Erbsen schmeckt das Brot auch mit Kartoffeln. Dazu 3 mittelgroße, mehligkochende Kartoffeln schälen, waschen und in gleich große Würfel schneiden. Dann mit Wasser und Salz zum Kochen bringen und zugedeckt weich kochen lassen. Abgießen und heiß durch die Kartoffelpresse drücken. Dann wie die Erbsen im Rezept weiterverarbeiten.

Auberginen-Joghurt-Salat

Baigan-ka-Raita

Zutaten für 6 Personen:
500 g Auberginen
1 feste Tomate
1 frische Chilischote
1 Zwiebel
2 Eßl. Öl · 2 Teel. Garam Masala
Salz
250 g Vollmilchjoghurt

Raffiniert

Pro Portion etwa:
330 kJ/80 kcal
3 g Eiweiß · 5 g Fett
5 g Kohlenhydrate

- Zubereitungszeit: etwa 1 Stunde

1. Den Backofen auf 200° vorheizen. Die Auberginen waschen und die Schale in gleichmäßigen Abständen einritzen. Die Auberginen auf ein Backblech legen und im Backofen (Mitte) etwa 40 Minuten bakken, bis das Fleisch weich ist. Dabei häufig wenden.

2. Die Auberginen herausnehmen, die Haut abziehen und das Fruchtfleisch fein schneiden.

3. Die Tomate und die Chilischote waschen, putzen und kleinschneiden. Die Zwiebel schälen und fein hacken. Das Öl in einer Pfanne bei mittlerer Hitze erwärmen. Die Zwiebel und die Chilistücke darin anbraten.

4. Die Tomate, den Garam Masala und Salz in die Pfanne geben und etwa 1 Minute unter ständigem Rühren braten. Die Auberginen hinzufügen und gut vermischen. Weitere 3 Minuten braten, dann vom Herd nehmen.

5. Den Joghurt in eine Schüssel geben und den gesamten Pfanneninhalt dazugeben. Alles gründlich vermischen und bis zum Servieren kalt stellen.

Joghurt mit Gurke und Tomaten

Kheera-Tamatar-Raita

Raitas werden in Indien zu allen Gerichten angeboten. Nehmen Sie nur naturbelassenen Vollmilchjoghurt.

Zutaten für 6 Personen:
1 Salatgurke
2 feste Tomaten
1 mittelgroße Zwiebel
300 g Vollmilchjoghurt
1 Teel. Kreuzkümmel (Cumin), gemahlen
Salz
1 Eßl. Öl
1 Teel. schwarze Senfkörner

Schnell

Pro Portion etwa:
240 kJ/66 kcal
2 g Eiweiß · 4 g Fett
4 g Kohlenhydrate

- Zubereitungszeit: etwa 20 Minuten

1. Die Gurke schälen und in kleine Würfel schneiden. Die Tomaten waschen und in kleine Stücke schneiden. Die Zwiebel schälen und kleinschneiden.

2. Den Joghurt in eine Schüssel geben. Die Gurken- und Tomatenwürfel, die Zwiebel, den Kreuzkümmel und Salz dazugeben, gut vermischen.

3. Das Öl erhitzen, die Senfkörner darin kurz anbraten. Dann zu der Joghurtmischung geben und vorsichtig vermischen. Bis zum Servieren kalt stellen.

Minzsauce

Dahi Poodina

Zutaten für 6 Personen:
50 g frische grüne Minze oder 2 Eßl. eingelegte Minze
200 g Vollmilchjoghurt · Salz
1/2 Teel. Kreuzkümmel (Cumin), gemahlen
1/4 Teel. Chili, gemahlen

Schnell

Pro Portion etwa:
110 kJ/25 kcal
2 g Eiweiß · 1 g Fett
1 g Kohlenhydrate

- Zubereitungszeit: etwa 10 Minuten

1. Die frische Minze waschen und klein hacken. Mit allen übrigen Zutaten verrühren und bis zum Servieren kalt stellen.

Im Bild oben: Auberginen-Joghurt-Salat
Im Bild Mitte: Joghurt mit Gurke und Tomaten
Im Bild unten: Minzsauce

Apfel-Chutney

Seb-ki-Chatni

Zutaten für 10 Personen:
1 kg säuerliche Äpfel
2 frische Chilischoten
3 Eßl. Ghee (geklärte Butter)
2 Teel. Fünfgewürzmischung (Panch Foron)
Salz · 1 Teel. Kurkuma, gemahlen
1 Teel. Kreuzkümmel (Cumin), gemahlen
3 Eßl. Rohrzucker
2 Eßl. Zitronensaft

Gut vorzubereiten

Pro Portion etwa:
500 kJ/120 kcal
0,3 g Eiweiß · 6 g Fett
16 g Kohlenhydrate

- Zubereitungszeit: etwa 45 Minuten

1. Die Äpfel schälen, von den Kerngehäusen befreien und kleinschneiden. Die Chilis waschen, putzen und halbieren.

2. Das Ghee erhitzen. Die Gewürze darin bei mittlerer Hitze etwa 1/2 Minute unter Rühren anbraten. Die Apfelstücke dazugeben und etwa 4 Minuten mitbraten. Etwa 10 Eßlöffel Wasser angießen. Das Chutney zugedeckt bei schwacher Hitze etwa 20 Minuten garen, bis die Äpfel weich sind.

3. Den Zucker und den Zitronensaft hinzufügen und das Chutney bei mittlerer Hitze noch so lange kochen lassen, bis es dickflüssig ist. Dabei immer rühren. Das Chutney abkühlen lassen.

Mango-Chutney

Am Chatni

Chutneys werden in kleinen Mengen zu indischen Gerichten serviert. Sie können herb, scharf, süß oder pikant sein und regen den Appetit an.

Zutaten für 6 Personen:
1 große Mango
2 frische Chilischoten
2 Teel. Speisestärke
1/4 Teel. Kurkuma, gemahlen
Salz
100 g Rohrzucker
1 Eßl. Ghee (geklärte Butter) oder Öl
1 Teel. schwarze Senfkörner
2 getrocknete Chilis
1/3 Teel. Asafötida

Gelingt leicht

Pro Portion etwa:
520 kJ/120 kcal
0 g Eiweiß · 4 g Fett
23 g Kohlenhydrate

- Zubereitungszeit: etwa 50 Minuten

1. Die Mango schälen und in etwa 1/2 cm dünnen Streifen vom Stein schneiden. Die frischen Chilis waschen, putzen und fein schneiden. Die Speisestärke mit 2 Eßlöffeln Wasser verrühren und stehenlassen.

2. In einem Topf 1/4 l Wasser, den Kurkuma und Salz zum Kochen bringen. Die Mangostreifen mit den frischen Chilis dazugeben. Das Chutney bei mittlerer Hitze etwa 20 Minuten kochen lassen, bis die Mangostreifen weich sind. Die Temperatur erhöhen und das Chutney noch etwa 5 Minuten kochen lassen. Den Zucker untermischen. Die angerührte Speisestärke einrühren und einmal aufkochen lassen. Das Chutney vom Herd nehmen.

3. In einer kleinen Pfanne das Ghee oder das Öl erhitzen. Die Senfkörner und die getrockneten Chilis dazugeben und kurz anrösten. Das Asafötida einrühren und den Pfanneninhalt zum Chutney geben. Alles gut vermischen und bis zum Servieren kalt stellen. Nach dem Abkühlen wird das Chutney etwas dicker.

Tip!

Gekochte Chutneys können Sie auch heiß in Gläser abfüllen und kühl aufbewahren. So bleiben sie einige Wochen haltbar. Bitte achten Sie darauf, daß Sie nur nichtmetallene Deckel verwenden.

Im Bild oben: Mango-Chutney
Im Bild unten: Apfel-Chutney

Kokosnuß-Chutney

Nariyal-Chatni

Zutaten für 4 Personen:
200 g Kokosraspeln
3 Eßl. Zitronensaft
1 Zwiebel
1 Stück frische Ingwerwurzel (etwa 6 cm lang)
1 frische Chilischote
2 Eßl. Öl
1 Eßl. schwarze Senfkörner
1 Eßl. Urid Dal
Salz

Gelingt leicht • Raffiniert

Pro Portion etwa:
1200 kJ/290 kcal
2 g Eiweiß · 14 g Fett
39 g Kohlenhydrate

- Zubereitungszeit: etwa 30 Minuten

1. Die Kokosraspeln, 1/8 l Wasser und den Zitronensaft in einen Mixer geben und so lange zerkleinern, bis ein glattes Püree entsteht.

2. Die Zwiebel schälen und fein hacken. Den Ingwer schälen und fein reiben. Die Chilischote waschen, putzen und kleinschneiden. Die Zwiebel, die Chilistücke und den Ingwer zu dem Kokospüree geben und noch einmal kurz mixen.

3. In einer Pfanne das Öl bei mittlerer Hitze erwärmen. Die Senfkörner hineingeben und etwa 1/2 Minute braten. Das Urid Dal hinzufügen und etwa 1 Minute unter ständigem Rühren rösten. Die Kokosmasse in die Pfanne geben, alles gut vermischen und etwa 2 Minuten unter ständigem Rühren rösten. Die Kokosmasse soll dabei nicht braun werden. Das Chutney mit Salz abschmecken und gekühlt servieren.

Tomaten-Chutney

Tamatar-Chatni

Zutaten für 4 Personen:
5 vollreife Tomaten (etwa 300 g)
1 Stück frische Ingwerwurzel (etwa 3 cm lang)
100 g Rosinen
5 Eßl. Zucker
1/2 Teel. Kurkuma, gemahlen
Salz
2 Teel. Ghee (geklärte Butter)
1 Teel. Fünfgewürzmischung (Panch Foron)
1 Teel. Fenchelsamen
1 Teel. Kreuzkümmelsamen (Cumin)
Saft von 1/2 Zitrone

Preiswert

Pro Portion etwa:
740 kJ/180 kcal
1 g Eiweiß · 3 g Fett
37 g Kohlenhydrate

- Zubereitungszeit: etwa 40 Minuten

1. Die Tomaten waschen und vierteln. Den Ingwer schälen und fein reiben. Die Tomaten, die Rosinen und den Ingwer in einen Topf geben, den Zucker und 1/8 l Wasser hinzufügen. Alles zum Kochen bringen und bei schwacher Hitze etwa 20 Minuten garen, bis der Inhalt dickflüssig ist. Den Kurkuma und Salz hineingeben und zugedeckt noch einmal etwa 5 Minuten kochen lassen.

2. Das Ghee in einer kleinen Pfanne bei mittlerer Hitze erwärmen. Die Fünfgewürzmischung hineingeben, kurz anbraten und über die Tomaten gießen. Gut vermischen.

3. In einer anderen Pfanne ohne Fett und unter ständigem Rühren die Fenchelsamen und die Kreuzkümmelsamen leicht anrösten, erkalten lassen und dann in einer Gewürzmühle fein mahlen. Die ganze Mischung über das Chutney streuen und gut vermischen.

4. Zum Schluß den Zitronensaft einrühren, das Chutney vom Herd nehmen und kalt stellen.

Bild oben: Kokosnuß-Chutney
Bild unten: Tomaten-Chutney

Mangodessert

Malai Am

Zutaten für 4–6 Personen:
200 g Sahne
2 Teel. Zucker
400 g Mango-Pulp (Mangobrei aus der Dose)

Gelingt leicht • Schnell

Bei 6 Personen pro Portion etwa:
730 kJ/170 kcal
1 g Eiweiß · 11 g Fett
18 g Kohlenhydrate

- Zubereitungszeit: etwa 10 Minuten

1. Die Sahne mit dem Zucker steif schlagen. Den Mango-Pulp vorsichtig darunterheben.

2. Das Dessert in Portionsschälchen verteilen und bis zum Servieren kühl stellen. Eventuell mit Schlagsahne garnieren.

Fadennudeln in Sahnesauce

Semian

Zutaten für 6 Personen:
1,5 l Milch · 1 Eßl. Butter
6 Gewürznelken
1 Teel. Kardamom, gemahlen
125 g indische oder pakistanische Fadennudeln
100 g Zucker
1 Eßl. Pistazien, fein gemahlen
1 Eßl. Mandeln, fein gemahlen
200 g Sahne · 1 Teel. Rosenwasser

Für Gäste

Pro Portion etwa:
2300 kJ/550 kcal
13 g Eiweiß · 36 g Fett
45 g Kohlenhydrate

- Zubereitungszeit: etwa 40 Minuten

1. Die Milch zum Kochen bringen und köcheln lassen. In einem größeren Topf die Butter schmelzen. Die Nelken und 1/2 Teelöffel Kardamom kurz darin anrösten. Die Nudeln zerbrechen, hinzufügen und unter Rühren hellbraun anbraten.

2. Die Milch hineingießen, alles bei mittlerer Hitze etwa 5 Minuten kochen lassen, dabei öfter umrühren. Den Zucker, die Pistazien und die Mandeln hinzugeben und gut vermischen. Die Temperatur reduzieren und das Ganze etwa 15 Minuten kochen lassen, bis es leicht eindickt.

3. Den Topf vom Herd nehmen, die Sahne und das Rosenwasser hinzufügen. Die Nudeln in Schüsseln geben, mit dem restlichen Kardamom garnieren. Warm oder kalt servieren.

Möhrenhalwa

Gajar Halwa

Zutaten für 4 Personen:
400 g Möhren
5 Eßl. Ghee (geklärte Butter)
2 Eßl. Mandelsplitter
2 Eßl. Grieß · 300 ml Milch
3 Eßl. Zucker · 2 Eßl. Rosinen
1 Teel. Kardamom, gemahlen

Braucht etwas Zeit

Pro Portion etwa:
2100 kJ/500 kcal
5 g Eiweiß · 40 g Fett
28 g Kohlenhydrate

- Zubereitungszeit: etwa 50 Minuten
- Kühlzeit: etwa 1 Stunde

1. Die Möhren schälen und fein raspeln. 3 Eßlöffel Ghee in einem Topf bei mittlerer Hitze erwärmen. Die geraspelten Möhren dazugeben und offen etwa 20 Minuten bei schwacher Hitze garen. Dabei häufig umrühren, damit die Möhren gleichmäßig garen und nicht anbrennen.

2. In einer kleinen Pfanne das übrige Ghee schmelzen. Die Mandeln und den Grieß dazugeben und etwa 5 Minuten unter Rühren rösten. Vom Herd nehmen.

3. In einem großen Topf die Milch, den Zucker und die Rosinen zum Kochen bringen. Die Möhren und die Mandel-Grieß-Masse hineingeben und alles bei mittlerer Hitze weitere 15 Minuten kochen lassen, bis das Halwa eindickt. Dabei immer rühren! Zum Schluß den gemahlenen Kardamom untermischen.

4. Das Halwa auf einen Servierteller stürzen, etwa 1 Stunde abkühlen lassen und in Stücke schneiden.

Im Bild oben: Mangodessert
Im Bild Mitte: Möhrenhalwa
Im Bild unten: Fadennudeln in Sahnesauce

Fritierte Bällchen in Sirup

Gulab Jamun

Zutaten für 40 Bällchen
(8–10 Personen):
750 g Zucker
1 Eßl. Rosenwasser
1/8 l Milch
175 g Milchpulver
45 g Mehl
1 Teel. Backpulver
1 Teel. Kardamom, gemahlen
1 Eßl. Ghee (geklärte Butter)
500 g Pflanzenöl oder Ghee zum Fritieren

Exklusiv

Bei 10 Personen pro Portion etwa:
1700 kJ/405 kcal
1 g Eiweiß · 10 g Fett
80 g Kohlenhydrate

- Zubereitungszeit: etwa 1 Stunde

1. In einem Topf 1 l Wasser mit dem Zucker erhitzen und etwa 5 Minuten kochen, bis sich der Zucker gelöst hat. Das Rosenwasser hinzufügen, kurz vermischen und beiseite stellen.

2. Die Milch erwärmen. In einer Schüssel das Milchpulver, das Mehl, das Backpulver, den Kardamom und das Ghee mit den Fingerspitzen vermischen. Die erwärmte Milch langsam dazugießen. Alle Zutaten gut vermischen, bis der Teig fest und geschmeidig wird. Er soll so weich sein, daß er fast an den Händen kleben bleibt. Ist er zu trocken, noch etwas Milch untermischen.

3. Aus dem Teig Bällchen von 2 cm Durchmesser formen.

4. Das Öl oder das Ghee in einer Karhai oder einem Topf auf schwache Hitze erwärmen. Das Fett soll nicht zu heiß werden, damit die Milchbällchen langsam und gleichmäßig garen. Die geformten Bällchen nach und nach in das Fett geben und etwa 15 Minuten backen, bis sie schön gebräunt sind. Zwischendurch immer wieder mit dem Schaumlöffel wenden.

5. Um zu prüfen, ob die Bällchen gar sind, nehmen Sie eines heraus und legen es in den Sirup. Wenn es nach 2 Minuten nicht zusammengefallen ist, sind die Milchbällchen fertig. Die fertigen Bällchen herausnehmen, in einem Sieb abtropfen lassen und dann in den Sirup geben. Kalt oder lauwarm mit dem Sirup servieren. Gulab Jamuns können Sie einige Tage – zugedeckt und an einem kühlen Ort – aufbewahren.

Sojamehlbällchen

Moong Laddu

Zutaten für 20–25 Laddus
(8–10 Personen):
500 g Moong Dal
375 g Ghee (geklärte Butter)
375 g Puderzucker
1 Teel. Kardamom, gemahlen

Braucht etwas Zeit

Bei 10 Personen pro Portion etwa:
3000 kJ/710 kcal
19 g Eiweiß · 49 g Fett
49 g Kohlenhydrate

- Zubereitungszeit: etwa 1 1/2 Stunden
- Kühlzeit: etwa 1 Stunde

1. Das Moong Dal in der Getreidemühle fein mahlen. Dieses Mehl in einem Topf mit schwerem Boden bei schwacher Hitze etwa 1 Stunde goldgelb anrösten. Dabei möglichst ständig rühren! Abkühlen lassen.

2. Das Ghee in einem Topf erwärmen, aber nicht zu heiß werden lassen. Den Puderzucker hinzufügen, vom Herd nehmen und alles mit den Händen gut vermischen.

3. Das abgekühlte Sojamehl und den Kardamom zu der Ghee-Zucker-Paste geben und gut vermischen. Wenn die Paste zu weich ist, kurz im Kühlschrank abkühlen lassen.

4. Aus der Masse 20–25 walnußgroße Bällchen formen und etwa 1 Stunde kühl stellen.

Tip!
Die Bällchen lassen sich bis zu vier Wochen im Kühlschrank aufbewahren.

Im Bild oben: Fritierte Bällchen in Sirup
Im Bild unten: Sojamehlbällchen

Süßes Joghurtgetränk

Mithi Lassi

Zutaten für 4 Personen:
500 g Vollmilchjoghurt
1/4 l eiskaltes Wasser
4 Eßl. Zucker
zerstoßenes Eis (nach Bedarf)

Gelingt leicht

Pro Portion etwa:
530 kJ/130 kcal
4 g Eiweiß · 4 g Fett
18 g Kohlenhydrate

- Zubereitungszeit: etwa 10 Minuten

1. Den Joghurt mit dem Wasser und dem Zucker mit dem Schneebesen oder im Mixer verquirlen, bis die Oberfläche schaumig wird.

2. Das zerstoßene Eis dazugeben und das Getränk kalt stellen.

Salziges Joghurtgetränk

Namkin Lassi

Zutaten für 4 Personen:
500 g Vollmilchjoghurt
1/4 l eiskaltes Wasser
1 Teel. Salz
1/2 Teel. Kreuzkümmel (Cumin), gemahlen
1 Teel. Zitronensaft
zerstoßenes Eis (nach Bedarf)

Schnell • Raffiniert

Pro Portion etwa:
320 kJ/75 kcal
4 g Eiweiß · 4 g Fett
5 g Kohlenhydrate

- Zubereitungszeit: etwa 10 Minuten

1. Den Joghurt, das Eiswasser, das Salz und den Kreuzkümmel (bis auf 1 Prise) mit einem Schneebesen oder in einem Mixer verquirlen.

2. Zerstoßenes Eis dazugeben. Das fertige Getränk in Gläser füllen und mit dem übrigen Kreuzkümmel garnieren.

Variante:
Statt Kreuzkümmel können Sie – wie auf dem Foto – etwa 15 g frische Minze verwenden.

Gewürzter Tee

Masala Tschai

Zutaten für 4 Personen:
1 Stück Zimtstange (etwa 5 cm lang)
6 grüne Kardamomkapseln
6 Gewürznelken
1/2 l Milch
Zucker oder Honig nach Geschmack
5 Teel. schwarzer Tee

Für Gäste

Pro Portion etwa:
500 kJ/120 kcal
4 g Eiweiß · 4 g Fett
16 g Kohlenhydrate

- Zubereitungszeit: etwa 20 Minuten

1. Den Zimt, den Kardamom und die Nelken in einer Pfanne ohne Fett unter Rühren anrösten.

2. 1/2 l Wasser mit den gerösteten Gewürzen in einen Topf geben und zum Kochen bringen. Bei schwacher Hitze zugedeckt etwa 10 Minuten köcheln lassen.

3. Die Milch und Zucker oder Honig nach Geschmack dazugeben und erneut zum Kochen bringen. Den Topf vom Herd nehmen, den Tee hinzufügen und alles 3–5 Minuten zugedeckt ziehen lassen. Dann abgießen und den Tee sofort heiß servieren.

Variante:
Beliebt ist in Indien auch gewürzter Kaffee. Dazu je 1 l Wasser und Milch zum Kochen bringen. 10 Teelöffel fein gemahlenen Kaffee dazugeben. 4 grüne Kardamomkapseln und etwa 6 Teelöffel Zucker untermischen und 3 Minuten köcheln lassen. Dann durchsieben und heiß servieren.

Tip!

Für die Zubereitung des Gewürztees empfiehlt es sich, einen kräftigen Assam oder Nilgri Tee zu nehmen. In Verbindung mit der Milch bekommt er eine schöne braune Farbe.

Im Bild oben: Süßes Joghurtgetränk
Im Bild Mitte: Salziges Joghurtgetränk
Im Bild unten: Gewürzter Tee

REZEPT- UND SACHREGISTER

Zum Gebrauch
Damit Sie Rezepte mit bestimmten Zutaten noch schneller finden können, stehen in diesem Register zusätzlich auch beliebte Zutaten wie Kartoffeln oder Hähnchen – ebenfalls alphabetisch geordnet und halbfett gedruckt – über den entsprechenden Rezepten.

IMPRESSUM

Umschlag-Vorderseite: Die Rezepte für Kartoffel-Blumenkohl-Curry, Okras mit Kokosmilch, Hähnchen-Curry, Fladenbrot und Reis finden Sie auf Seite 22, 26, 36, 42 und 44.

Bezugsquelle für indische Lebensmittel und Gewürze:
SATHI
Kirchenstraße 32
81675 München

TEL 089/48 45 04
FAX 089/9 03 04 55

Redaktion: Cornelia Schinharl
Layout: Ludwig Kaiser
Typografie: Robert Gigler
Herstellung: Ina Hochbach
Fotos: Odette Teubner, Dorothee Gödert, Silvestris Fotoservice, Dr. Unbescheid (Seite 4)
Umschlaggestaltung: Heinz Kraxenberger
Satz: Appl, Wemding
Reproduktionen: Artilitho, Trento
Druck: Appl, Wemding
Bindung: Oldenbourg, Kirchheim bei München
ISBN 3-7742-1529-4

Auflage 6. 5. 4. 3.
Jahr 1998 97 96

Bikash und Marcela Kumar
leben mit ihren beiden Kindern in München und geben seit zehn Jahren Kochkurse für indische Küche an verschiedenen Volkshochschulen. Bikash Kumar wurde in Kalkutta geboren und lebt seit 1973 in Deutschland. Neben Familie und beruflichen Aktivitäten setzt er sich dafür ein, der deutschen Bevölkerung die indische Geschichte, Kultur und Lebensgewohnheiten näherzubringen. Die Liebe zur indischen Küche wurde bei Marcela Kumar durch die Heirat geweckt und durch zahlreiche Indienreisen vertieft. Das Ehepaar Kumar besitzt ein Geschäft für indische Gewürze, Lebensmittel und Spezialitäten in München.

Odette Teubner
wurde durch ihren Vater, den international bekannten Food-Fotografen Christian Teubner, ausgebildet. Heute arbeitet sie ausschließlich im Studio für Lebensmittelfotografie Teubner. In ihrer Freizeit ist sie begeisterte Kinderporträtistin – mit dem eigenen Sohn als Modell.

Dorothee Gödert
arbeitete nach ihrer Ausbildung zur Fotografin zunächst im Bereich Stillife- und Interieurfotografie. Nach einem Aufenthalt in Princeton/USA spezialisierte sie sich auf Food-Fotografie. Sie war bei namhaften Food-Fotografen tätig. Seit April 1988 fotografiert sie im Fotostudio Teubner.